Rotraut Hinderks-Kutscher
Wolfgang Amadeus Mozart

W0067096

Rotraut Hinderks-Kutscher – Tochter des Münchner Theater-Wissenschaftlers Artur Kutscher – war Schülerin von Professor Emil Preetorius, der in München Bühnendekoration und Gebrauchsgraphik lehrte. Sie machte sich vor allem einen Namen mit ihren beiden Mozartbänden, von denen ›Donnerblitzbub Wolfgang Amadeus‹ in der Originalausgabe bereits das 138. Tausend übersteigt. Weitere Werke schrieb sie über Joseph Haydn und Franz Schubert.

Rotraut Hinderks-Kutscher

Wolfgang Amadeus Mozart

Die Jahre in Wien

Deutscher
Taschenbuch
Verlag

Titel der Originalausgabe: Unsterblicher Wolfgang
Amadeus Mozart
Von der Autorin illustriert

Außerdem von Rotraut Hinderks-Kutscher bei dtv junior:
›Donnerblitzbub Wolfgang Amadeus‹, Mozarts Jugend,
Band 7028

Diese Ausgabe wurde von der Autorin durchgesehen
Mai 1976
Deutscher Taschenbuch Verlag GmbH & Co. KG, München
© 1959 und 1976 Franck'sche Verlagshandlung, W. Keller & Co.,
Stuttgart
ISBN 3-440-02996-4
Umschlaggestaltung: Celestino Piatti
unter Verwendung eines Ausschnittes aus dem Ölbild von
Barbara Krafft, 1819, und eines Notenblattes des
Mozartschen Werkverzeichnisses
Gesamtherstellung: Graph. Werkstätten Kösel, Kempten
Printed in Germany · ISBN 3-423-07215-6

Inhalt

Meinem Vater
Professor Artur Kutscher, München
herzlich gewidmet

Im Haus Zum Roten Säbel

Immer zwei, drei Stufen zugleich nahm der junge Herr. In seiner fröhlichen Hast wollte er die Treppe so schnell wie möglich hinaufkommen.

War er doch erst wenige Wochen verheiratet, und die Vormittage, an denen er seine leidigen Musikstunden geben mußte, schienen kein Ende nehmen zu wollen. Früher, ja da war das freilich etwas anderes gewesen. Da hatte der Komponist und Klavierlehrer Wolfgang Amadeus Mozart als stets hungriger Junggeselle es nicht ungern gesehen, wenn sich die Unterrichtsstunden bis in die Mittagszeit ausdehnten. Die hohen Herrschaften der Grafen Cobenzl, Zichy oder Thun führten keine schlechte Küche, und der Maestro, der zwar bürgerlicher Herkunft war, sich aber ohne weiteres des ihm vom Papst verliehenen Adels hätte bedienen können, hatte mit größter Selbstverständlichkeit an ihrem Tisch gesessen.

Das war einmal, doch jetzt zog es den jungen Ehemann unwiderstehlich nach Hause. Ach, es gab doch nichts Besseres als einen bürgerlich lustigen, ganz privaten Familienstand – Adel hin, Adel her...

»Stanzi!« rief Wolfgang durch die ganze Wohnung seiner Frau zu, »Stanzi!« und deutete, noch etwas außer Atem, auf das Türschild, darauf in blanken verschnörkelten Buchstaben der Name MOZART stand – »was meinst, wie das g'spaßig ausschaun tät, wenn wir uns wie der Meister Gluck Ritter oder Chevalier nennen möchten. Tät's dir g'falln, Frau Ritterin, geborene Weber?«

»Ja – g'falln vielleicht schon, aber ob's auf uns gar so gut passen möcht'...«

Da packte der junge Mozart seine kleine Frau lachend beim Schopf: »Na hörst – soll das am End' heißen, daß ich gar kein bissel was Ritterliches an mir hätt'? Her mit meinem Degen – den schnall' ich mir jetzt beim Essen um, damit du siehst, mit wem du verheiratet bist! Und jetzt ein Busserl und dann ein Mittagessen wie sich's gehört für unsereinen! Mein Gott, hab' ich einen Hunger…« Noch in seinem grünseidenen, feinbestickten Ausgehrock sauste er in die Küche und lupfte neugierig die Topfdeckel. Konstanze schüttelte vergnügt den Kopf.

»Man möcht' meinen, man wär' mit einem Wolf und nicht mit einem Wolfgang verheiratet.«

Natürlich freute es die Mozartin, daß ihr Mann so tüchtig zulangte. Oh, es gab einen Rahmschlegel, der auf der Zunge zerging, und Grießknödel, locker wie Schneeflocken, und einen Apfelstrudel, zu dem man den Kaiser selber hätte einladen können! Sie konnte offensichtlich auch einiges. Doch was die Musik betraf, so war Konstanze trotz ihrer hübschen kleinen Singstimme nur ein tschilpender Spatz im Vergleich zu ihrem Wolfgang Amadé. Sie bewunderte ihn grenzenlos. Oft lag in ihren dunkelbraunen Augen noch das große Staunen, daß sie, die unscheinbare Konstanze, ihn zum Manne bekommen hatte, wo er doch damals in Mannheim ihre Schwester haben wollte, die Aloysia, die jetzt eine gefeierte Opernsängerin war und eine Schönheit obendrein. Wie hatte die barsche Mutter ihr oft genug gesagt? »Du kannst froh sein, wenn dich einer heiratet. Schön bist net, begabt bist net, g'scheit bist net – garnix bist!«

Die Konstanze mit dem braunen Lockenkopf aber wollte nicht geheiratet werden, bloß weil es nahelag, einfach die kleine Schwester zu nehmen, weil die »große« zu stolz war. Sie hatte es lange nicht glauben können, daß sie für Mozart, dem die schönsten und vornehmsten Frauen Augen machten, die »gutherzigste, geschickteste und beste Frau« sei, wie er seinem Vater damals schrieb.

Jetzt durfte sie ihn nicht enttäuschen. Es war nicht leicht, eine richtige Hausfrau darzustellen, wie der Wolfgang das von seiner geliebten Mutter und der tüchtigen Thresel gewöhnt war. Und als hätte er die Gedanken der Konstanze erraten, stand er jetzt auf, nahm sie in seine Arme und sagte zärtlich: »Ich glaub', wenn meine gute Mutter jetzt vom Himmel 'runterschaut, dann wird sie schon zufrieden sein mit uns…« aber dann lachte Mozart, dem alles Rührselige zuwider war, »komisch ist's schon, wie's sich im Leben so fügt – immer wieder findet sich alles irgendwann, irgendwo zu einem Kreis zusammen. – Daß wir nun grad im Haus ›Zum Roten Säbel‹ unser gemeinsames Leben anfangen, wo ich mit der Nannerl und meinen Eltern vor fünfzehn Jahren gewohnt hab'...« »Damals, wie euch die Blattern erwischt haben?« fragte Konstanze mit leisem Schaudern.

»Ja, 1767 war's. Wir sind doch eigens zu den Hochzeitsfeierlichkeiten der Prinzessin Josepha hergereist. Den König von Neapel sollt' sie heiraten. Aber dann sind die Schwarzen Blattern ausgebrochen in der Stadt, und das arme kleine Madl hat sich hing'legt und ist g'storben, mit sechzehn Jahren. Unheimlich war's damals in Wien...«

»Und ihr seids dann nach Olmütz g'fahren?«

»Freilich, kannst dir denken! Auf und davon sind wir, aber die Krankheit war schneller, und wir kriegten sie dann beide, die Nannerl und ich... aber was reden wir noch davon – wir haben's ja überstanden.«

Leider hatte es auch nach ihrer Rückkehr in die Wiener Stadt keine Musik bei Hofe gegeben, denn es war ja Trauer. Wohl war die Audienz von herzlicher Anteilnahme gewesen. Zwei Mütter standen sich gegenüber, und in einer Aufwallung schmerzlicher Erinnerung streichelte Kaiserin Maria Theresia damals der Frau Mozart die Wange. Ihr ältester Sohn und Mitregent, der junge Kaiser Joseph, aber hatte eine wichtige Aussprache mit Vater Leopold gehabt.

Wolfgang sah das alles noch so lebhaft vor sich, daß er seiner Konstanze davon erzählen mußte: »Es war halt eine kaiserliche Idee. Ich, der Zwölfjährige, sollte eine Oper komponieren. La finta semplice, nach einem Text von Goldoni. Du weißt ja, ich hab' sie geschrieben, aber sie hat mehr Verdruß als Geld eingebracht. Da war Bastien und Bastienne hernach eine wahre Erholung, und der Herr Vater war froh, daß damit diese unglückselige Reise doch noch gut ausgegangen ist.«

»Erzähl weiter – wo habt ihr dann noch überall musiziert?« fragte Konstanze.

»Ja, beim Hofpoeten Metastasio im Michaelerhaus – weißt, der heuer gestorben ist –, und eigentlich sollt's auch beim Kaunitz eine Musik geben, aber das hätt'st du sehen sollen, was der tapfere Staatskanzler vor den Blattern für eine Angst g'habt hat! Wie er die roten Flecken in unseren Gesichtern g'sehn hat, da hat ihn das Grausen 'packt.«

Mozart, der immer alle Leute nachmachen mußte, schlug beide Hände vors Gesicht und rollte fürchterlich mit den Augen, denn Konstanze sollte auch sehen, wie groß die Furcht vor Blattern sein konnte. Plötzlich nahm sein Gesicht einen ganz biederen Ausdruck an, und mit tiefer Bierbaßstimme erzählte er weiter:

»Aber der alte Swieten, der Leibarzt der Kaiserin – weißt, der Vater von unserem Gottfried van Swieten –, der hat uns ein paarmal zu einer Hausmusik geholt, und auch sonst waren wir oft in adeligen Häusern eingeladen; die meisten Familien kennen mich noch von damals…«

Ja, bei Gottfried van Swieten war Mozart jeden Sonntag pünktlich von zwölf bis zwei Uhr. Dort wurde »alte Musik« gepflegt – besonders die Kompositionen von Händel und Bach. Van Swieten hatte als früherer Gesandter am Hofe Friedrichs des Großen diese norddeutsche Vorliebe mitgebracht und dafür in Wien, wo diese Musik ja nichts Fremdes war, eine begeisterte Gemeinde gefunden. Für Mozart war es nicht nur die Freude an guter Musik, wenn er regelmäßiger Gast dieser Privatakademien wurde – er wollte den Dingen auf den Grund gehen. Das gemeinsame Musizieren war dafür gerade das Richtige. Er saß dann am Klavier und übernahm meist auch die Altstimme, während der Gastgeber den Sopran sang. Die anderen Stimmen und Instrumente fanden sich aus den Kreisen bester Berufsmusiker und Dilettanten leicht zusammen. Das Entzükken über den barocken kontrapunktischen Stil überwältigte sie alle stets aufs neue – diese Meisterschaft, mehrere Stimmen in einem Musikstück zu einer Melodie selbständig nebeneinander zu führen. Und immer wenn so eine Konzertreihe beendet war, trug Mozart die Werke von Bach oder Händel beglückt nach Hause, um sie dort in Ruhe zu studieren. Auch Bachs musikalisches Testament – die Kunst der Fuge – durfte er aus van Swietens Bibliothek entleihen. Vater Leopold war gewiß ein guter und gründlicher Musiklehrer der alten Schule gewesen, aber sein Sohn, nun ein reifer und erfahrener Musiker, hielt es für gut, sich nochmals mit dem Kontrapunkt auseinanderzusetzen.

Jetzt spielte er auch daheim nichts als Fugen. Konstanze saß hinter ihm und machte im Kerzenschein Handarbeiten für die ihr noch unbekannte Schwester des Wolfgang Amadé in Salzburg. Ein Häubchen stickte sie nach der neuesten Wiener Mode und wünschte, daß es der Schwägerin gefallen möge. Konstanze suchte deren Freundschaft und hätte so gern, daß die Nannerl auch sie ein wenig liebhaben würde.

»Was meinst?« fragte sie fast ängstlich und hielt ihm die zierliche Arbeit hin.

»Sicher g'fallt's ihr! Und sicher wird sie dich mögen!« beteuerte Wolfgang. Er hörte auf zu spielen, um Konstanze zuzuschauen.

»Nein, Amadé, spiel weiter – es gibt nichts Schöneres als Fugen«, bat Konstanze, »kannst du selbst keine komponieren?« Doch konnte er das! Und bald darauf schrieb er Fugen. Eine davon widmete er seiner jungen Frau und schickte auch gleich eine Kopie nach Salzburg an die Schwester, die an allem, was sein Musikerherz bewegte, teilhaben mußte.

Eigentlich hatte man ja gleich nach der Hochzeit beim Vater in Salzburg Visite machen wollen, um ihn endlich auszusöhnen, da er doch so unerbittlich gegen diese Heirat mit einer »Weberischen« gewesen war. Die ganze Familie Weber war mit ihrer reichlich genialischen Lebensweise ein rotes Tuch für den rechtschaffenen, aber etwas pedantischen Vater Leopold. Wolfgang kam lange nicht dazu, ihm Frau Konstanze als liebenswerte Ausnahme vorzustellen. Er hatte seine Arbeit und seine Schüler, er konnte nicht einfach fort. Er komponierte fleißig Instrumentalmusik, gab Hauskonzerte, spielte zuweilen auch beim Kaiser, beim Fürsten Kaunitz und anderen Adeligen; als man dann endlich die Reise festgesetzt hatte, mußte noch ein Staatsbesuch des russischen Großfürsten Paul und seiner württembergischen Gemahlin abgewartet werden. Die kleine Schwester der Großfürstin – ein wahres Kind noch – sollte Kaiser Josephs Neffen Franz anverlobt werden.

Nicht ausgeschlossen, daß man Mozart zum Klavierlehrer der Prinzessin ausersehen würde...

So verzögerte sich der Besuch in Salzburg immer wieder, und dann kam der Tag, an dem der überglückliche Wolfgang seinem Vater schreiben konnte: *...da ich nicht glaubte, daß aus dem Spaß so bald Ernst werden könnte, so verschob ich immer, mich auf die Knie niederzulassen, die Hände zusammenzuhalten und Sie, meinen liebsten Vater, recht untertänig zum Gevatter zu bitten!* – Leopold Mozart sollte Großvater werden.

Ja, nun wurde das unbekümmerte, regellose Leben des jungen Paares fürs erste ein bißchen anders. Man mußte vor allem fleißig spazierengehen, zum nahen Augarten, diesem anmutigen Lieblingsaufenthalt Kaiser Josephs II., den er großmütig seinem Volk als »Erlustigungsort« freigegeben hatte. Der Augarten war Treffpunkt der Wiener Gesellschaft. Man bummelte dort zu Fuß, zu Pferd oder auch in Kutschen, um sich zu zeigen und die neuen Kleider auszuführen. Von Mai an gab es Trinkkuren mit Pyrmonter Wasser, und an den Frühlingsabenden konnte man dem Gesang der Nachtigallen lauschen, die hier scharenweise ausgesetzt waren.

Morgens früh aber war der Augarten noch menschenleer. So gingen Mozarts, bevor die Schüler kamen, selig zu zweit im Park umher, dessen Bäume wie Arkaden zurechtgeschnitten waren. Eigentlich gingen sie zu dritt, denn der Hund Puzzipaukerl war dabei. Der bellte und biß, wenn man so tat, als wollte man den andern schlagen. Wolfgang und Konstanze konnten sich nicht genug tun, den Hund zu tratzen.

»Puzzi, geh her – zwicks Frauerl!« Wolfgang griff nach

dem weiten, bandbesetzten Gewand seiner Gemahlin, und sie nicht faul, packte ihn beim Zopf und versuchte, den Puzzi auf ihren Mann zu hetzen, bis der Hund überhaupt nicht mehr wußte, wen er beißen sollte.

Sie liefen auf den Wegen, um die Bäume und im Rasen herum. Es war ja Herbst, und es lag mehr Laub am Boden, als noch an den Zweigen hing. Sie ärgerten den Hund und rauften sich lachend. So trieben sie es öfters.

Aber eines Tages erstarrten sie fast vor Schreck, denn es öffnete sich plötzlich ein Fenster des Augartenschlössels – der Kaiser hatte sie beobachtet und rief herunter:

»Was? Grad erst verheiratet und schon Prügel?«

»Tausend Schritte lang und einen breit«

Guten Morgen, liebes Weibchen, ich wünsche, daß du gut geschlafen habest, daß dich nichts gestört habe, daß du nicht zu jäh aufstehest, daß du dich nicht erkältest, nicht bückst, nicht streckst, dich nicht mit deinen Dienstboten zürnest, im nächsten Zimmer nicht über die Schwelle fällst. Spar häuslichen Verdruß, bis ich zurückkomme – daß nur dir nichts geschieht! Ich komme um 12 Uhr – Amadé.

Diese liebevoll besorgten Worte fand Konstanze auf einem Zettel, der schräg an die Kerze gelehnt neben ihrem Bett lag, als sie gegen neun Uhr erwachte. Der gute Amadé! Er war wohl schon lange fort und ganz leise aufgestanden, um sie nicht zu stören. Nie in ihrem Leben war Konstanze so umhegt worden, und sie genoß es. Eine warme Welle zärtlicher Geborgenheit überkam sie so wohlig, daß sie sich noch einmal in die Kissen schmiegte. Sie schloß die Lider, um sich das immer ein wenig blasse Gesicht ihres Wolfgang Amadé vorzustellen. Gleich fühlte sie den lebhaften Blick seiner ausdrucksvollen hellblauen Augen auf sich ruhen.

Und dann sah sie den Mund, diesen fast kindlich gutmütigen, oft hilflosen Mund – Konstanze liebte ihn. Oh, aber jetzt verzog er ihn plötzlich höchst ironisch – Mozart, der große Spötter, schaute sie an, als wollte er sagen: »Jessas, Stanzi-Marie, gar so verliebt brauchst dir mein Bild nicht vorzugaukeln – ich weiß eh' schon, daß ich kei' Schönheit bin. Siehst mei Nasen, wie die spitzig in die Landschaft sticht, und ein männlich energischeres Kinn hätt' mir auch nix schaden können, was meinst?«

Konstanze lächelte. Sie dachte an ihr Kind, sein Kind. Ein Buberl wird es sein, ganz gewiß, und ausschaun wird's haargenau so wie sein Vater... Ja, was war es nur mit ihm? Dem kleinen, zarten Mann sah niemand seine große Kunst, seine übermenschlichen Energien an – es war wohl sein Wesen, seine stets heitere Liebenswürdigkeit, der erstaunliche Wechsel von tiefstem Ernst zu bubenhaftem Schalk und sein Hang zu derben Späßen, daß ihn jeder vom ersten Augenblick an gern haben mußte.

Es klopfte. Konstanze fuhr hoch, ein Sonnenstrahl tanzte durch einen Spalt im Fensterladen auf ihre Bettdecke. So spät! War sie denn wieder eingeschlafen? Es klopfte noch einmal. »Ja, Herrschaft – was ist denn?« rief Konstanze. Die Mitzi war es, das Dienstmädchen. Sie stand mit dem Einkaufskorb vor der Tür.

»'s ist bereits elf Uhr, Madame, und i wolt, bittschön, fragen, was die Herrschaften speisen möchten heut mittag.« »Maria und Joseph!« Mit beiden Beinen zugleich fuhr Konstanze aus dem Bett und in die Pantoffeln, alle Vorsicht vergessend, die der Herr Gemahl so rührend anempfohlen hatte. Jetzt mußte rasch ein Mittagessen hergezaubert werden. So etwas wäre Mutter Mozart bestimmt nie passiert, obwohl sie ihrem Mann sieben Kinder geboren hatte! Richtig miserabel kam sich Konstanze vor, aber mit Mitzis Hilfe schaffte sie es gerade noch, daß ihr Wolfgang einen gedeckten Tisch vorfand – nur die Betten waren noch nicht gemacht. Aber das merkte er nicht, denn nach dem Essen ging er sofort wieder an seine Arbeit.

»Enchanté, Muckerl – es hat wieder ausgezeichnet geschmeckt, delikat, superb, aber gell, sei mir net bös, mich juckt's in sämtliche Finger – i muß heut noch was fertigmachen. Servus, Stanzi – bist a arm's Hascherl mit so einem Mann, der nie Zeit hat...« und draußen war er.

So fand Konstanze nun unverhofft Gelegenheit zum Aufräumen. Sie mußte lachen, als sie ihre verwuschelten Haare unter der Schlafhaube hervorholte und sich zu frisieren begann. Es hat doch auch sein Gutes, wenn ein Mann so in seinen Beruf versponnen ist, daß es ihm nicht auffällt, wenn einmal alles drunter und drüber geht, dachte sie vergnügt.

Lange hörte sie seine rhythmischen Schritte vom Zimmer nebenan. Das war Wolfgangs Gewohnheit. Er konnte nie still sitzen, und wenn er in Gedanken verloren hin und her lief, dann wippte sein ganzer Körper im Takt – von den Zehen bis in die Fingerspitzen war er nur noch Musik, und das Zöpfchen, das er aus eigenen Haaren trug, denn er verabscheute Perücken, das Zöpfchen wippte mit, und alle paar Schritte schlug er mit einer Ferse gegen die andere, summte vor sich hin und dirigierte manchmal ein unsichtbares Orchester.

Mozart fand es daher besonders passend, daß die neue Wohnung, die sie im Dezember gemietet hatten, ein Zimmer enthielt, das »1000 Schritte lang und 1 Schritt breit« war. Überhaupt war die Wohnung viel geräumiger als die im ›Roten Säbel‹. Die Mozarts besaßen nun mehr Zimmer als Möbel, so daß zwei leer blieben.

»Das ist grad gut!« hatte Wolfgang beim Einzug gerufen, und sogleich kam ihm eine wunderbare Idee: »Weißt was, wir geben zu Karneval einen Hausball. Na? Und dann ist noch ein Grund zum Feiern da: Akkurat vor zwanzig Jahren bin ich das erste Mal nach Wien gekommen. Des gibt a Hetz!« Der Konstanze hätte er keine größere Freude machen können. Noch durfte sie ein wenig tanzen – in ein paar Wochen war's damit vorbei wegen des Kindchens. Sie sprang sofort auf und lief zum Sekretär, wo sie sämtliche Schubladen aufriß, um zwischen Stoffblumen, Spitzen, Bändern und Rüschen, die sie zum Putzmachen brauchte, einen Zettel zu finden, der lang genug war, die Liste der Gäste aufzunehmen.

»Also erst amal, wannst nix dagegen hast, natürlich meine Schwester, kaiserliche Hof- und Kammersängerin Aloysia Lange, geborene Weber, samt Gemahl, dem Hofschauspieler, Sänger und Kunstmaler Lange, alsdann ihre Kollegen, das Ehepaar Adamberger, und unsern Librettisten Stephanie nebst Gattin…«

»Vergiß nur die Hauptsach' nicht – unsern Hausherrn Baron von Wetzlar und Zubehör«, ergänzte Mozart, und Konstanze schrie:

»Die Baronin Waldstätten natürlich auch und … sag amal, was meinst, wenn wir a bissl Eintrittsgeld verlangen täten – oder kann man das net machen? Sonst geht am End noch an einem Abend der Verdienst vom ganzen Monat drauf…!« »Da hast recht – ich mein', zwei Gulden wär' net zuviel – denen tut's net weh, und uns hilft's das Fest finanzieren. Da kann dann jeder noch ein paar lustige Leut' mitbringen, und die Gaudi ist fertig.«

Es war Konstanzes erstes selbständiges Fest, und sie hatte fast so viel Lampenfieber, wie wenn sie auf die Bühne gemußt hätte. Die Baronin Waldstätten, der hilfreiche Geist, der stets wußte, wo der Schuh drückte, hatte bereits am Nachmittag des großen Ereignisses eines ihrer Hausmädchen geschickt, zum Putzen, Einkaufen, Brote richten und Punsch ansetzen und hernach für den Abwasch. Das Mädchen brachte auch gleich einen Korb voll Wachauer und ein paar Flaschen schweren Ungarwein mit und Bäckereien, Nüsse und Obst.

Da schepperte die Glocke schon wieder! Sophie, die jüngste Schwester Konstanzes, trat herein und stellte auf den Tisch einen duftenden Guglhupf, den wahrhaftig Mutter Weber spendiert hatte.

»Jetzt kann uns nix mehr passieren«, rief Mozart, »als daß die Leut' hernach garnet kommen!«

Aber sie kamen. Geheimnisvoll in Pelze und Mäntel, Tücher und Umhänge gehüllt, denn es schneite draußen in dichten Flocken, und alle kamen maskiert. Konstanze war noch längst nicht fertig angezogen und noch ungeschminkt, als sie die erste Begrüßung ihres Mannes draußen hörte.

»Hab' die Ehre, Herr Baron – küß die Hand, gnä' Frau…«. Aha, das werden die Hausleut' sein. Bald darauf hörte sie das Gekicher der nächsten Gäste, während sie in das Kostüm der Konstanze aus der ›Entführung aus dem Serail‹ schlüpfte:

»Jeh – die G'sichter hättet ihr sehen sollen, wie wir an eurer alten Wohnungstür im ›Roten Säbel‹ geschellt haben! Wir haben doch net g'wußt, daß Ihr aus'zogen seid. Die haben einen Schrecken 'kriegt, wie sie uns als Türk' und Türkin g'sehn haben – nur gut, daß es bloß ein paar Häuser weiter ist.«

Endlich war Konstanze fertig und zog sich den Haremsschleier vor das Gesicht, da kam gerade jemand pustend und schnaufend die Treppe herauf: die Baronin Waldstätten, und die gab wahrhaftig eine Überraschung ab. Von ihr war man ja vieles gewohnt, aber die kleine dicke Dame kam als Wiener Wäschermadl! Eine spontane Liebeserklärung Wolfgangs war nun unvermeidlich:

»Allerbeste, Allerliebste, Allerschönste, Vergoldete, Versilberte und Verzuckerte, werteste und schätzbarste gnädige Frau Baronin – womit habe ich Unwürdiger verdient, auf meinem schlichten Feste solchen Anblick genießen zu dürfen? Sie können es kaum verantworten – meine Ruh ist hin, ich werd' nicht mehr tanzen, noch essen, noch schlafen, noch arbeiten können, wenn ich an Sie denke! Sie lächeln? Werden rot? Oh, Sie machen mich glücklich…«

Als aber mitten in seine wohlgesetzte Rede Konstanze lachend dazwischenkam, rief er in gut gespieltem Entsetzen: »Au weh, au weh, au weh, mein Weib! Nun in Gottes Namen, ich hab' sie einmal und muß sie behalten. Was ist zu tun? Ich muß sie loben und mir einbilden, es sei wahr…«, weiter kam der schlimme Wolfgang nicht, der in seiner Maske als Osmin mit dem ausgestopften Bauch und einem gelbseidenen Turban auf dem Kopf unsagbar komisch aussah und nun von beiden Frauen mit Pritschen und zusammengelegten Fächern davongejagt wurde.

Er nahm Zuflucht zu seiner Schwägerin Aloysia und deren Mann, die sich gerade aus ihren Mänteln schälten.

Wolfgang hatte sich unlängst eine Pantomime samt Musik ausgedacht, die mit dem Ehepaar Lange und anderen Freunden schon einmal auf der großen Redoute aufgeführt worden war. Die Mitspieler fingen gleich an, mit aufgehängten Leintüchern eine Bühne abzuteilen. Mozarts Pantomime hatte den uralten Stoff der italienischen Commedia dell'arte zum Inhalt. Seit über zweihundert Jahren wurden diese Komödien von fahrenden Schauspielern dargestellt. Die Stücke wurden nicht von Poeten gedichtet, sondern von den Komödianten während des Spieles improvisiert. Sie bestanden nur aus der Inhaltsangabe der einzelnen Szenen und wurden je nach Personenzahl einfach oder verwickelt gespielt. Innerhalb des wandelbaren Themas konnte sich beliebig viel ereignen. Dialog und Komik entstanden frei aus dem Stegreif. Von einer Aufführung zur anderen wurden neue Situationen erfunden, je nach dem Ort und der Stimmung von Schauspielern und Zuhörern.

Die Hauptfiguren sind stets drei männliche Gestalten und eine weibliche: Pantalone, ein Alter, zwar reich, aber geizig, eifersüchtig, knurrig und dadurch lächerlich; sodann Pierrot, ein Junger, der tölpische, dummdreiste Scherze macht und nie zum Zuge kommt, und dann Harlekin, der Mann in den besten Jahren, der schlau, spöttisch und grobschlächtig den lachenden Dritten verkörpert. Harlekin ist der Diener des Pantalone.

Alle sind verliebt in Kolombine, die alle drei lange zum Narren hält, bis sie sich selber in den hübschen Harlekin verliebt und Pantalone meist noch das Geld zum Heiraten geben muß.

In Mozarts Pantomime spielte noch ein Dottore mit – Freund des Pantalone, der unter seiner weißen, gelehrten Perücke nichts als ränkevolle Gedanken hatte. Er verbarg seine List und Tücke hinter salbaderischen Reden, würzte

sie mit lateinischen Sprüchen, die alle falsch waren, und trug mit komischer Würde den faltenreichen Gelehrtentalar über die Bühne.

Solch ein Spiel ohne Textbuch verlangte natürlich Schlagfertigkeit und Mutterwitz von den Darstellern. Nun, in Mozarts Pantomime waren die Richtigen beisammen, die ihre Zuschauer nicht aus dem Lachen herauskommen ließen.

Niemand erkannte Mozart, der sich inzwischen vom Osmin der Entführung in den farbenprächtigen, springlebendigen Harlekin verwandelt hatte, denn er trug ja eine bärtige Maske und verstellte seine Stimme mit Erfolg.

Wer hinter der schwarzen Halbmaske der Kolombine

steckte, war leichter zu erraten, und es war nett von Aloysias Mann, sich mit der weniger glanzvollen Rolle des Pierrot zufriedenzugeben. Aber er bewies, daß er eben wirklich Humor hatte und ein echter Schauspieler war. Er machte die drolligsten Purzelbäume und Verrenkungen, suchte ständig seine Hände aus den viel zu langen Ärmeln des schneeweißen Kostüms herauszufinden, stolperte, stotterte, versprach sich fortwährend und verlor zuletzt noch seinen schönen großen Hut. Er war ein Pierrot, wie er sich tolpatschiger und lustiger nicht denken ließ, während Aloysias kühl-schnippischer Natur die Rolle der Kolombine besonders gut lag und Freund Wolfgang all sein Tem-

perament und seinen Hang zum Derb-Komischen in das buntkarierte Kostüm des Harlekins steckte. Den alten Dottore spielte der berühmte Porzellanmaler Grassi.

Als dieses Spiel von Liebe, List und Torheit mit der witzigen Begleitmusik Mozarts vorbei war und die Darsteller genügend Beifall geerntet hatten, stärkte man sich beim Mahl, und dann erklang Tanzmusik. Es war gut, daß hier jeder mehrere Instrumente spielen konnte, so kam auch jeder ausgiebig zum Tanzen, und die Kapelle blieb trotzdem vollzählig.

Es wurde ein rauschendes Fest. Keiner ging heim – im Gegenteil, nach Mitternacht kam noch einmal ein Trupp von der Oper, und es wurde immer lustiger, bis endlich einer sagte: »I weiß net, mei Uhr muß hin sein... die steht auf sieben – um sechs sind wir 'kommen... I mein' allweil, wir sind länger hier als wie grad eine Stund...«

»Liebes Mandl – wo ist's Bandl?«

Es war am 11. März 1783 in der Fastenzeit, als sich nach der Theaterakademie von Aloysia Lange ein wahrer Platzregen von Beifall über Mozart und seine Schwägerin ergoß. Das gab ihm Mut für sein eigenes Konzert, das zwei Wochen später am selben Ort stattfinden sollte.

Aufgeführt wurde diesmal seine Pariser Symphonie in Es-Dur von 1778. Dann sang Aloysia jene rührende Liebesarie, die Wolfgang in den Mannheimer Tagen für sie, die fünfzehnjährige Freundin, geschrieben hatte: *Non sò d'onde viene quel tenero affeto...* – Nicht weiß ich, woher dieses zarte Erglühen...

Das Publikum verstand nicht den Blick, den die Sängerin ihrem Begleiter am Flügel schenkte und den er lächelnd zurückgab. Das Publikum wußte nur: Hier ist eine ganz große Künstlerin... aber Mozart hatte sie eigentlich entdeckt und durch seinen ersten Unterricht künstlerisch auf den richtigen Weg gebracht.

Sie dankten beide Hand in Hand dem Applaus, und zum Schluß spielte Mozart sein Konzertrondo, das er wiederholen mußte, weil das Klatschen kein Ende nahm.

Als er sich dann in die Loge der Langes begab, beugte sich aus der Nachbarloge ein Mann herüber, der immerfort »Bravo!« rief. Es war Christoph Willibald Ritter von Gluck, der größte Operngewaltige seiner Zeit. Er beglückwünschte Mozart von Herzen und schüttelte auch Aloysia Lange und Konstanze die Hände:

»Kinder«, rief er, »so etwas muß gefeiert werden – kommt doch alle vier am nächsten Sonntag zu uns zum Speisen!« Nichts lieber als dies! Konstanze begab sich sofort daran, ein neues Kleid zu nähen, denn die alten paßten ihr alle nicht mehr, und wegen des Hütchens, das sie sich selbst zusammenbastelte, mußte Wolfgang zahllose Fragen beantworten:

»Was meinst, Amadé – wird dem Gluck seine Lieblingsfarbe sein?«

»Weinrot«, lachte Mozart.

»Ja, und was für Blumen soll ich draufnähen – Maiglöckerl, Rosen, Veilchen?« Sie probierte vieles aus, bis es ihr endlich gefiel.

Wolfgang selber prangte in dem neuen roten Frack, den die Baronin Waldstätten spendiert hatte. Er ging ja so gern gut angezogen, und das Schönste waren die mit kleinen Perlen besetzten Knöpfe aus weißem Perlmutter mit einem gelben Stein in der Mitte. Mozart war es jetzt so leicht ums Herz: Die düsteren Prophezeiungen seines Vaters, daß Gluck noch sein größter Feind werden würde, erfüllten sich also nicht. Nein, Gluck, der fast Siebzigjährige und Erfolgreiche, konnte neidlos die Werke anderer beurteilen.

War es doch Gluck gewesen, der sich voriges Jahr für die Wiederholung der ›Entführung‹ eingesetzt hatte. Freilich, gegen die Machenschaften eines Operndirektors wie Salieri konnte auch er nicht aufkommen, obwohl er ihm fast freundschaftlich nahestand. Gluck wußte um diese unerfreulichen Dinge hinter den Kulissen der Oper. Er lächelte nur, als Konstanzes eilfertiger Zunge ein spitzes Wort gegen den Intriganten entschlüpfte und die Schwester Aloysia ihr von Herzen zustimmte. »Nein!« rief Gluck, der sich beim Genuß des köstlichen Karpfens nicht durch solche Probleme stören ließ, »nein, da schätzt ihr Salieri doch falsch ein – es ist bestimmt kein Neid, wenn er sich nicht für Mozarts Musik einsetzt. Salieri ist kein schlechter Kerl und selbst ein großer Künstler – er hat nur einen brennenden Ehrgeiz, vielleicht spürt er, daß ihm hier einer über den Kopf wachsen könnte. Und vergessen Sie nicht: Er ist Italiener! Als Italiener aber kann er doch nicht anders als seinen italienischen Standpunkt behaupten: den Italienern die Oper, den Deutschen ihr Singspiel.«

Die Langin lachte bitter auf. Sie hatte es gerade wieder am eigenen Leib erfahren, was es bedeutete, wenn immer die Italiener den Sieg davontrugen bei allem, was die Kunst betraf: »Ist es nicht eine Schand', daß man heuer unsere ›Teutsche Oper‹ wieder auflöst, daß unser Ensemble froh sein muß, jetzt von der italienischen Truppe gnädigst aufgenommen zu werden?« »Sicher ist das betrüblich für uns. Niemand bedauert diesen Zustand mehr als ich«, sagte Gluck, »aber was wir Deutsche als Singspiel nach Wien gebracht haben ... sagen Sie selbst, mein lieber Mozart, es paßt meist nicht hierher, es ist alles zu steif, vielleicht auch zu harmlos. Ihre ›Entführung‹ war da eine Ausnahme. Der Wiener möcht' halt auch was zum Diskutieren haben.«

Mozart seufzte: »Meiner Seel', ich kaprizier mich ja auch nicht auf einen deutschen Text, wenn ich einen guten anderen krieg', obwohl ich absolut nicht einseh', warum die deutsche Sprache nicht ebensogut singbar sein soll wie jede andere. Aber dramatisch muß der Stoff sein, daß er sich zum Komponieren lohnt. Schließlich ist ja doch die Musik die Hauptsach' bei der Oper.«

Da legte Gluck seine breite Hand väterlich auf die Schulter des jungen Kollegen. »Mein lieber Mozart, mit diesem Satz haben Sie einen gewissen Unterschied unserer Auffassung ausgesprochen«, sagte er, »ich versuche immer zu vergessen, daß ich Musiker bin, ehe ich ans Komponieren gehe.« Aber sonst hatten die beiden vieles gemeinsam. Sie wollten Einfachheit, Wahrheit und Natürlichkeit. Gluck fand diese Ideale in der Antike, als er die Iphigenie, die Alkeste und den Orpheus komponierte. Mozart stand noch am Anfang seines dramatischen Schaffens. Sie hatten beide von der italienischen Oper gelernt, was zu lernen war – jetzt, da diese zur faden Arienoper erstarrte, kehrten sie sich davon ab und nahmen sich an den lebensvolleren französischen Opern eines Lully und Rameau ein Beispiel, in denen sich das ganze Ensemble entfalten konnte. Eines Tages sollte es doch auch eine deutsche Oper geben, ein Musikdrama für das Volk, mit leibhaftigen Menschen, deren typische Charaktere zu zeitgemäßen oder überzeitlichen Problemen führten.

Wolfgang hatte unlängst an seinen Vater nach Salzburg geschrieben, ob ihm nicht der Abate Varesco, der Verfasser des Idomeneo, wieder ein neues »Bücherl« liefern könnte oder ob er ihm noch böse sei wegen der vielen Änderungen, die ein gewisser Mozart damals verlangt habe? Das Notwendigste aber sei, schlug Mozart vor, »recht komisch im ganzen«. Und zwei gleichwertige Frauenzimmerrollen müßten hinein: die eine »seria«, also ernst, die andere »mezzo caràttere«, das heißt mehr bürgerlich und ausgleichend; das dritte Frauenzimmer könne ganz »buffa«, also komisch sein, ebenso die Männer. Inzwischen aber hatte Mozart beim Baron von Wetzlar einen anderen Abate kennengelernt – Lorenzo da Ponte. Du lieber Himmel! Er war wirklich nicht Mozarts Typ, dieser hochbegabte, aber auch reichlich arrogante, leichtlebige Mensch mit den theatralisch-flatterigen Bewegungen und dem Mund voller Überheblichkeit. Mozart kam gar nicht dazu, ihn etwa zu fragen, ob er am Ende auch für ihn einen Text schreiben würde – dieser da Ponte erzählte nur von Salieri und anderen Italienern, für die er laufend zu tun habe. Nun, man sagte, der Kaiser sei für diesen Mann eingenommen – vielleicht ergab sich noch eines Tages eine Zusammenarbeit mit ihm… Doch waren Mozarts Tage auch ohne da Ponte bis zum Rande ausgefüllt. Seine Konzerte waren beliebt und erfolgreich. Der Kreis begabter und eifriger Dilettanten, der ganze Familien der Wiener Bürger, Künstler und Wissenschaftler bis zur höchsten Aristokratie umfaßte, entlockte dem Komponisten funkelnde Edelsteine seiner Phantasie. Gerade diese vertraulich-private Atmosphäre, für die er jetzt seine Klaviermusik, seine Quartette und Serenaden schrieb, gab ihm Gelegenheit, zärtlichste Grazie und sprühend-geistreiche Lebendigkeit spielen zu lassen. So wie ihm diese Stadt in ihrer selbstverständlichen Musikalität entgegenkam, mußte er sie wie ein zweites Ich empfinden.

Für den 23. März 1783 war nun Mozarts eigene Theaterakademie angesetzt. Mit »Musikalische Akademie« bezeichnete man im damaligen Sprachgebrauch fast jede konzertante Zusammenkunft, ob sie nun privaten oder öffentlichen Charakter hatte, ob Eintritt bezahlt wurde oder nicht. Die großen Akademien der Fastenzeit fanden meist im Konzerthaus an der Mehlgrube oder in einem Theatersaal statt, der wohl auf eigenes Risiko gemietet wurde.

Mozart hatte allen Grund, der Veranstaltung voller Hoffnungen entgegenzusehen. Die Besetzung war die gleiche wie bei Aloysias Konzert vor vierzehn Tagen und das Programm so reichhaltig, daß es auch dem anspruchsvollsten Publikum genügen mußte.

Seit die sparsame Kaiserin Maria Theresia das Bühnenwesen vom Hof gelöst und der Stadt übergeben hatte, seit Logen und Ränge, früher nur der höfischen Aristokratie vorbehalten, nun auch dem Volke zugänglich waren, brauchte man um ein gut besetztes Theater nicht mehr zu bangen. Die Wiener waren ein begeistertes Publikum, das keine wichtige Veranstaltung versäumen wollte, sei es in derbkomischen Hanswurststücken der Vorstadtbühne, sei es im Konzertsaal, im Kärntnertortheater oder in der Burg. Theater und Musik waren und sind aus dem Leben eines echten Wieners nicht wegzudenken.

Mozart begab sich auf das Podium, um die Aufführung seiner Haffner-Symphonie zu leiten, sein Blick schweifte durch den Raum, Freude erfüllte ihn: das Theater hätte unmöglich noch voller sein können, alle Logen waren besetzt! Es war ein beglückender Anblick – das weite Rund des Theaters, angefüllt mit festlich gekleideten, festlich gestimmten Menschen, das flackernde Licht unzähliger Kerzen, das sich in Spiegeln und im gleißenden Schmuck der Damen vervielfältigte, das warme Rot der samtgepolsterten Sessel, das schimmernde Gold der Stukkatur – all das ergab jene gehobene Stimmung, die zur andächtigen Aufnahme von Musik so notwendig ist. Mozart strahlte. Und das Beste von allem schien ihm, daß der Kaiser auch zugegen war. Wie vergnügt er aussah, und welch lauten Beifall er gab! Ja, es war schon gut, einen Kaiser zu haben, der selbst zu musizieren verstand. Seit Generationen war es am Wiener Hof üblich, daß die Kaiser nicht nur die Staatsgeschäfte besorgten, sondern auch Opern, Messen und Festmusik komponierten und dirigierten, mehrere Instrumente beherrschten und gegebenenfalls in selbstgeschriebenen Stücken samt Gemahlin und Kindern mitspielten. Nun, Joseph II. begnügte sich mit der täglichen Kammermusik, bei der er als guter Klavier- oder Cellospieler mitwirkte. Er sang auch öfter einmal mit seiner angenehmen Stimme die eine oder andere Arie aus der neuesten Oper. Von jedem musikalischen Ereignis war er unterrichtet und tauchte manchmal unvermutet bei Privatkonzerten als bescheidener Zuhörer in bürgerlicher Kleidung auf.

Seine Loge im Theater konnte er jederzeit durch einen direkten Zugang von der Burg her betreten. So war er auch diesmal unbemerkt hereingekommen und winkte seinen Musikern freundlich zu. Aloysia Lange, Valentin Adamberger und Therese Teyber sangen. Mozart spielte mehrere Klavierkonzerte und – dem Kaiser zuliebe – eine kleine Fuge als Dreingabe, aus Freude über dessen Erscheinen. Auch Meister Gluck, den Mozart in seiner Loge entdeckt hatte, wurde mit einer musikalischen Huldigung bedacht. Mit dem Finale der großartigen Haffner-Symphonie, die man unbekümmert für diesen Abend in zwei Hälften geteilt hatte, endete das Konzert. Konstanze hatte das alles von ihrem Platz aus beobachtet und war stolz auf ihren Wolfgang.

»Was hat denn der Kaiser bezahlt?« fragte sie beim Hinausgehen, »er hat ja applaudiert wie net g'scheit!«

Mozart mußte sie enttäuschen: »Ja, weißt – Majestät haben doch die Gewohnheit, einen gewissen Betrag gleich von vornherein zur Kasse zu schicken... 25 Dukaten waren's diesmal. Net schlecht, aber wenn er hernach 'zahlt hätt', wär's wohl mehr 'worden bei der Begeisterung. Kannst nix machen! Komm, laß uns verschwinden, daß du amal wieder zeitig ins Bett kommst.«

Doch da tönte schon die wohlbekannte Stimme des Botanikers Professor von Jacquin über die Straße: »He, halt! Ihr kommt doch noch mit zu uns – der Wagen wartet vorn am Eck!« Ja, da gab's kein Entrinnen, solchen Verlockungen konnte man nicht widerstehen. Jacquins führten ein stadtbekannt geselliges Haus draußen am Rennweg. Mozart, der lustige, aber auch gestrenge Musiklehrer der Söhne Franz und Gottfried und der Tochter Franziska, war natürlich immer ein besonders willkommener Gast. Alle waren sie im Konzert gewesen und schleppten jetzt das junge Paar wie eine Siegestrophäe mit nach Hause.

Spät wurde es, natürlich wurde es wieder spät. Hinter den großen Bäumen des Botanischen Gartens und des Parks von Belvedere schimmerte schon das Morgenrot, als man das gastliche Haus am Rennweg verließ. Durch seine halbgeschlossenen Lider konnte Mozart gerade noch die Waisenhauskirche sehen, zu deren Einweihung er als Zwölfjähriger die Messe schrieb, dann war er im Wagen neben Konstanze eingeschlafen – ihr Kopf lag auf seiner Schulter. Die Mozartin schien etwas Schönes zu träumen, denn sie lächelte.

Als die Kutsche mit einem Ruck vor ihrem Haus auf der Hohen Brücke hielt, purzelten sie lachend durcheinander. Hinter dem Guckfensterchen der Portierloge ging der Vorhang sachte beiseite und ließ den neugierig-gehässigen Blick der alten Hausmeisterin durch, die giftig vor sich hinmurmelte: »A Schand is, die junga Leut' heitzutag!« Sie ärgerte

sich, weil sie eine Viertelstunde zuvor das Haustor aufge-
schlossen hatte. Wäre das Ehepaar Mozart früher gekommen, hätte man ihr einen Siebzehner Sperrgeld geben
müssen.

»Der sind wir schön aus'kommen, der gräuslichen Blun-
zen«, kicherte Wolfgang, und um die Ecke herum drehten
ihr beide schnell eine lange Nase.

Dann schliefen sie sich einmal tüchtig aus, und es war
heller Nachmittag, als Jacquins Wagen bereits wieder unten hielt, um das Ehepaar zu einer Spazierfahrt in den
Prater abzuholen. Gottfried, der Sechzehnjährige, kam die
drei Treppen heraufgesprungen: »Alsdann fahr ma – die
Sonn' scheint!« rief er fröhlich.

Wolfgang war bald fertig, aber Konstanze brauchte eine
Ewigkeit, bis sie ihre wild verstreuten Sachen zusammengefunden hatte. Wie eine Hummel fuhr sie hin und her. Am
Schluß fehlte nur noch das Band für ihren Hut, das Wolfgang ihr gestern erst für das Konzert geschenkt hatte. Sie
suchte hier und dort und überall, brachte den ganzen Haushalt durcheinander, schaute in Ecken und Schubladen, in
sämtliche Kleiderkästen, unter das Bett, im Nachtkasterl,
in allen Taschen und an der Garderobe.

Hier nicht – da nicht – dort nicht – nirgends! Mit einem
Seufzer ließ sich Konstanze in einen Sessel fallen und rief
in heller Verzweiflung: »Liebes Mandl – wo ist's Bandl?«
Es war ein unfreiwilliger Reim, und alle lachten – besonders Gottfried, der mit breitem Lausbubengrinsen die
Hände auf dem Rücken hielt. Das »Bandl«? Das hatte er
und hielt es übermütig hoch über seinen Kopf. Er war aber
mit seinen sechzehn Jahren weit größer als die zierlichen
Mozarts, die ihn wie aufgeregte Spatzen umhüpften und
sogar auf die Sessel stiegen, während er auf den Tisch kletterte. Geschrei und spitzes Hundegebell – es war greulich,
aber lustig.

»Wo ist's Bandl? – Da ist's Bandl!« schrie Gottfried, und
als Konstanze es endlich hatte, war dem Wolfgang eine
Melodie dazu eingefallen. Man reimte lustig weiter, und es
wurde ein Lied, das man zu dritt hernach im Wagen und

im Prater weiterdichtete und sang, bis Wolfgang es als Bandl-Terzett für Gottfried aufschrieb.

Der Sopran singt, genau dem Leben abgelauscht:
Liebes Mandl, wo ist's Bandl?

Der Tenor antwortet:
Drin im Zimmer glänzt's mit Schimmer.
Leuchte mir
Ja, ja
Leuchte mir!
Ja, ich bin schon hier und bin schon da.

Darüber ärgert sich der Baß:
Ei was Teufel tun dö suchen,
ein Stuck Brodel oder ein' Kuchen?
Er ärgert sich noch lange, der Baß, wird aber im Verlauf der Sucherei ganz manierlich und hilfsbereit, schließlich merkt er, daß er das »Bandl« selber in der Hand hat.

Ende gut, alles gut! Sopran, Tenor, Baß stimmen vereint einen Jubelgesang an:

> *Welche Wonne, edle Sonne,*
> *z' leb'n in wahrer amicitia,*
> *und das schöne Bandl hamera...*

Besuch beim Großpapa Leopold

Vater Mozarts erster Enkel hätte natürlich nach ihm Leopold heißen sollen. Aber es kam anders. Als nämlich Konstanze im Wochenbett den Besuch ihres Hausherrn, des Barons von Wetzlar, empfing, war der kleine dicke Mann so begeistert von dem winzigen Bündel Mensch, daß er sich kurzerhand zum Gevatter anbot, und während der junge Papa wortlos vor Schrecken dastand, weil er an den Großvater Leopold denken mußte, da nahm der Hausherr die Sache als ausgemacht hin, hob das Kindchen aus der Wiege, küßte es und sagte:

»So – nun haben Sie einen kleinen Raimundl!«

Da war nichts zu machen. Wie sollte man seinen Hausbesitzer erzürnen – bloß das nicht! Es konnte immerhin sein, daß man einmal mit dem Mietzins in Rückstand kam, und ein geiziger Pate würde Wetzlar bestimmt nicht sein. So kam der Name Leopold erst an zweiter Stelle, und es war höchst peinlich für Wolfgang, seinem Vater dies schriftlich gestehen zu müssen. Aber schau, der Großvater war nicht böse. Nächstes Mal werde es besser klappen, meinte er, und ob sie nun endlich, und zwar in diesem Sommer, nach Salzburg kämen, man möge ihn nicht länger »foppen«!

Bis dahin jedoch gingen noch viele Briefe hin und her. Da war einmal die wichtige Frage zu klären, ob Konstanze ihr Kind selber stillen solle. Sie hätte es können, aber das ließ Wolfgang auf keinen Fall zu. Es könnte sie zu sehr anstrengen. Schwiegermutter Weber, die sich als gute Pflegerin erwies, riet zu einer Amme. Mozart krümmte sich vor Entsetzen: »Was, einer andern Milch soll mein Kind net einschlucken!« Es kostete die Hebamme alle Mühe, ihn zu überzeugen, daß es das beste sei, eine Amme zu nehmen. »Heutzutag' zieht man die kleinen Kinder nicht mehr mit Wassersuppen auf wie früher!« rief sie zornig. »Die sterben dabei wie die Fliegen!«

Wolfgang gab nach: »Alsdann, von mir aus!« und das Kind bekam seine natürliche Nahrung. Es gedieh prächtig, und stolz schrieb der junge Vater nach Salzburg: *Das Kind ist auch ganz frisch und gesund und hat entsetzlich viele Geschäfte... Es küßt dem Großpapa und der Tante die Hände!* Aber es gab auch Sorgen. Von verschiedenen Seiten hörte Mozart die wohlgemeinte Warnung, er möge sich lieber an einem dritten Ort mit seinem Vater treffen. »Wollen Sie sich der Rache des Erzbischofs Colloredo ausliefern? Sie kennen nicht die Pfiffe bei derlei Affären!«

Mozart wäre von selber nie auf solche Gedanken gekommen, aber schließlich hatten die Leute ja wohl recht. Er besaß keine amtliche Entlassung aus den erzbischöflichen Diensten, er hatte sich ja selbst die Freiheit genommen, seit ihm der erzbischöfliche Kammerherr, der Graf Arco, den Fußtritt versetzt hatte. Ja, und wenn man an den württembergischen Herzog Karl Eugen dachte, der jetzt in Wien als freundlicher dicker Vater und Schwiegerpapa herumlächelte, als könnte er kein Wässerchen trüben – hatte der nicht den Dichter Schubart auf der Feste Hohenasperg grausam eingekerkert, und wie machte er es mit seinen Zöglingen auf der Hohen Karlsschule? Wie hatte der einem Friedrich Schiller das Leben sauer gemacht? Rohe Gewalt und Freiheitsberaubung überall –, warum also sollte der Erzbischof seinen davongelaufenen Konzertmeister nicht verhaften und auf Hohensalzburg einsperren lassen?

Dazwischen dachte Mozart wieder: Ei, es kann doch nicht sein! – aber dann beschlich ihn die Sorge von neuem. Er beschwor den Vater, alle diese Möglichkeiten vorsichtig

auszukundschaften und ihm die heilige Versicherung zu geben, daß nichts dergleichen geschehen würde.

Leopold Mozart konnte ihn beruhigen, und so wurden denn tatsächlich Ende Juli 1783 die Koffer gepackt und der kleine Raimund in der Obhut seiner Amme aufs Land gegeben.

An einem wunderschönen lauen Hochsommerabend – bis in die Stadt hinein duftete es nach reifem Korn und frühen Äpfeln – kamen Wolfgang und Konstanze nach Salzburg. Es war ihre erste gemeinsame Reise, fast noch wie eine nachgeholte Hochzeitsreise – so neu, so aufregend, fast feierlich war alles.

Konstanze, die während der ganzen Fahrt übermütig und gesprächig gewesen war, ließ den Kopf hängen, als gleich hinter Maria Plain die Burg sichtbar wurde, gewaltig auf steilen Felsen aus dem Tal aufragend, mit dem eigenartig geformten Untersberg im Hintergrund.

»Wohnt da der Erzbischof?« fragte sie.

»Mhm!« war Wolfgangs ausführliche Antwort.

Nun rollte der Wagen am Kapuzinerberg vorbei und fuhr, das wuchtige barocke Portal der Dreifaltigkeitskirche zur Rechten lassend, um die Ecke dem Tanzmeisterhaus zu, in dem die Mozarts seit 1773 lebten.

»Und da wohnt der Vater!« rief Wolfgang jetzt lebhafter, während seiner Konstanze das Herz immer tiefer sank. »Ich hab' so Angst, daß er recht enttäuscht von mir ist – Väter möchten immer gern schöne Schwiegertöchter!« seufzte sie. Mozarts Augen aber musterten fast stolz die Figur seiner Frau. Wie ein Porzellanpupperl, so ebenmäßig und zierlich! dachte er, laut aber tröstete er sie:

»Ich glaub', es hätt' ihm Schlimmeres g'schehn können, und du hast ja auch noch die Nannerl... Schau, da kommt sie schon beim Tor heraus – und da – der Pimperl – hörst ihn bellen?«

Vater Leopold erschien gleich hinterher. Er umarmte seinen langentbehrten Sohn unter Tränen, bevor er der Schwiegertochter die Hand reichte. Die gute alte Thresel kam, die noch beide Mozartkinder mit aufgezogen hatte und der die Herzensgüte aus den Augen schaute. Dann polterten mit Jubelgeschrei noch Heinrich und Margarethe Marchand die Treppe herunter. Sie hatten bei Vater Mozart Musikunterricht und lebten hier seit Monaten in Pension.

»Meiner Seel', seids ihr gewachsen!« riefen Wolfgang und Konstanze wie aus einem Munde.

»Ist ja auch fünf Jahre her, seit ihr sie in Mannheim zuletzt gesehen habt – jetzt sind sie vierzehn und sechzehn Jahre alt und tüchtige Musikanten«, sagte die Nannerl, »du weißt ja, daß ihr Vater jetzt in München Theaterdirektor ist.«

»Spiel'n wir vierhändig miteinander?« schrien beide Kinder zugleich, und Mozart lachte. »Ganz g'wiß, aber zuerst müßts mich schon ins Haus nei'lassen!«

Nach der Begrüßung ging man in den Garten, um der ersten Verlegenheit Herr zu werden. Mit etwas gönnerhaftem Lächeln führte Vater Mozart Wolfgang und Konstanze zu der kleinen Kegelbahn, die er auf des Sohnes schriftlichen Wunsch hatte einrichten lassen. »Ich weiß, du strapazierst dich gern«, sagte er, aber Wolfgang hatte das Ganze mehr für Konstanze bestellt. Unter dem grünen Dach einer Geißblattlaube saß dann die ganze Familie beisammen. Ein Windlicht ließ seinen milden Schein über die

Gesichter spielen. Es gab soviel zu plauschen! Wolfgang redete von seinem »dicken, fetten Buberl«, und die Schwester schaute fragend auf Konstanze. Es mochte ihr unverständlich sein, wie man so etwas Kleines, Hilfloses fremden Leuten überlassen konnte. Nannerl Mozart hatte durch des Vaters stolzen Eigensinn noch kein Glück in der Liebe gehabt und wagte kaum mehr, darauf zu hoffen. Ein etwas bitterer Zug lag um ihren Mund, als sie aufstand, um die leergetrunkenen Gläser zu füllen. Wolfgang bemerkte es voller Mitleid. Sie schaut älter aus als sie ist, dachte er – mit ihren zweiunddreißig Jahren könnt' sie längst selber Kinder haben. Wenn nur die Mutter noch da wär'…!

»Und du hast also genug Aufträg', kannst sorglos leben?« hörte er den Vater fragen.

»Aufträg' – ja, und Arbeit übergenug, auch Anerkennung. Alle Türen stehn mir offen. Der Fürst Galitzin – Sie kennen ihn ja, Herr Vater – läßt mich sogar im eigenen Wagen abholen und wieder heimbringen und nach jeder Musik aufs trefflichste delektieren. Nur ist der Tag allweil zu kurz, es bleibt mir zu wenig Zeit für mei' liebste Beschäftigung – ich möcht halt nix wie komponieren. Wissen S', Wien ist halt so das richtige Klavierland.«

Der Vater nickte. »Ich versteh schon«, aber dann fragte er: »Hast du die Messe?«

»Ja freilich hab' ich die. Ich hab's gelobt, ich hab's gehalten.« Mozart lachte und rückte Konstanze näher, um ihre Hand zu fassen. »Wenn ich meine Stanzi krieg, schreib' ich eine Mess', hab' ich versprochen, und dort ist sie drin.« Er deutete auf den Reisekorb, der noch neben der Tür stand. »Kyrie und Gloria sind fertig und das halbe Credo. Das was noch fehlt, hab' ich aus der ersten c-Moll-Messe ergänzt. Das Ganze ist ein wenig »Händlisch« gemacht. Es soll alles prachtvoll und feierlich wirken, ein Orchester, das neben den Streichern zwei Oboen, Fagotte, Hörner und Trompeten, Posaunen und Pauken hat, dazu ein gewaltiger Chor und die Soli dazwischen, mit viel Koloratur wie italienische Opernarien. Die hab' ich b'sonders ausgearbeit', die soll nämlich die Stanzi singen…« Unwillkürlich schauten Vater Leopold und Schwester Nannerl kühl abschätzend auf die zarte Gestalt von Wolfgangs Frau. Sie spürte es und zuckte zusammen, während Wolfgang ihre Hand um so fester hielt.

Für den alten Mozart war die Unterhaltung damit beendet. »Ich denk', ihr zwei werdet müd' sein und zeitig schlafen wollen...« bemerkte er trocken, und alle erhoben sich.

Am andern Morgen mußte Wolfgang auch zeitig aufstehen, denn er hatte rasch etwas zu besorgen. Siedendheiß war ihm eingefallen, daß ja heute der Schwester Geburtstag war! Als dann die Nannerl ins Wohnzimmer kam, fand sie bereits den Gabentisch aufgebaut, und an eine stattliche Punschflasche gelehnt stand das Gedicht ihres Bruders:

Ich bin heut' ausgegangen, Du weißt nicht warum,
ich kann nur soviel sagen, daß es geschah darum,
um dich mit etwas Kleinem ein wenig zu erfreu'n,
wobei ich weder Kösten, noch Fleiß, noch Müh' wollt'
scheu'n.
Ich weiß zwar nicht gewiß, ob du den Punsch magst
trinken,
o sage doch nicht nein, sonst möcht das Bindband stinken.
Ich dachte so bei mir, Du liebst die Engeländer,
denn liebtest du Paris, so gäbe ich Dir Bänder,
wohlriechende Gewässer, ein künstliches Bouquet.
Du aber, liebste Schwester, du bist keine Coquette.
Drum nimm aus meiner Hand den guten, kräft'gen
Punsch
und laß ihn Dir recht schmecken, das ist mein einz'ger
Wunsch.
Salzburg, den 31. Juli 1783

W. A. Mozart
gekrönter Scheibenpoet

Der Ausdruck »Scheibenpoet« stammte von dem Brauch her, die Schießscheiben des beliebten »Bölzlschießens« nicht nur mit lustigen Bildern, sondern auch mit anzüglichen Versen zu versehen. Familie Mozart war natürlich Mitglied der Salzburger »Bölzlschützenkompagnie«. Der Saal des Tanzmeisterhauses war nicht nur wie geschaffen zum Konzertieren und Tanzen, sondern bot auch prächtig Raum, um mit Windbüchsen nach Scheiben zu schießen. Ganz von selbst war Leopold Mozarts Wohnung am Hannibalplatz zum Mittelpunkt des geselligen und künstlerischen Lebens der Stadt geworden. Nannerl, die im Gegensatz zu ihrem Bruder eine Vorliebe für eine gewissenhaft geordnete Lebensweise geerbt hatte, führte Tagebuch über alle ihr bemerkenswerten Ereignisse. Wolfgang, der ihr dabei über die Schultern schaute, wurde vom Übermut seiner Ferientage gezwickt, und er konnte es nicht lassen, die Schwester zu necken oder gar, wie früher schon, mit seiner eigenen Feder dazwischenzuschreiben. Fand er doch unter dem Datum vom 2. Mai 1776 die dürre Notiz:

... *der Graf Flimingen und seine Gemahlin hier angekommen* 3. Mai: ... *ist ein Elopfant (Elephant) hier angekommen* und am 6. Mai: ... *heunt ist mein bruder in Trek gefahlen.*

Da hatte er es nicht lassen können, dazuzudichten:

> *In seinem rothen, bordirten Kleid,*
> *mir ist von Herzen leid.*
> *Die Nannerl ist nicht gescheid,*
> *in der Näh und in der weid.*

Für den 28. September 1779 stand da zu lesen, von Wolfgangs Hand und in einer eigens erfundenen Rechtschreibung:

... *in der Zimi Mes. Peyn Moarischen und operbreider, nach mi dack Mamsel braumhofer pei unz. gaderl – Feickele – darog gesbilt, das weder wahr ferenterlich. Ter apent aber schermand.*

Auf gut deutsch heißt das, man sei in der Siebenuhrmesse gewesen, habe die Mayerischen und den Herrn Oberbereiter besucht, und nachmittags sei Mamsell Braunhofer bei Mozarts aufgetaucht, um mit dem Katherl und dem

Herrn Feigele Tarock zu spielen. Das Wetter sei veränderlich gewesen, der Abend aber trotzdem charmant.

Haargenau wie damals verging auch jetzt wieder die Zeit. Das war eben Salzburg.

Und dann kam der Tag, an dem Konstanze vom Chor der Peterskirche im angenehmen Wohllaut ihrer Stimme die schwelgenden Melodien der c-Moll-Messe auf die lauschenden Salzburger hinuntersang. Wolfgang empfand es wie einen kleinen Sieg, denn nun stieg seine Frau doch ein wenig in der Achtung ihrer neuen Verwandten. Es freute ihn auch, daß es dasselbe Gotteshaus war, für das er als Dreizehnjähriger die Pater-Dominicus-Messe komponiert hatte.

Und der Erzbischof? Der hatte anderes zu tun, als alten Groll zu hegen. Ihm kam es gerade recht, daß einmal Abwechslung in seiner Hofmusik zu erwarten war.

Gleich befahl er die Familie Mozart in seine Sommerresidenz Mirabell zum Konzert.

Aufatmend richteten sich die Mozarts zu diesem festlichen Ereignis. Während Vater Leopold vormittags schon zum Klavierstimmen ins Schlößchen ging, wurde die Nannerl von einer Freundin turmhoch und auf Glanz frisiert. Ein Edelknabe holte die Familie ab, und der Vater war sich

als Kapellmeister der Wirkung wohl bewußt, wenn er jetzt die beiden Geschwister wieder einmal nach alter Weise auf zwei Klavieren zusammen spielen ließ, und das vereint mit der ganzen Hofkapelle. Nach einer Pause ließen sich Bruder und Schwester auch vierhändig hören, und zuletzt zeigte Wolfgang allein mit zwei fremden Werken, was er »prima vista« – vom Blatt – als Virtuose konnte. Der Beifall war laut. Schon am nächsten Tag wurde Wolfgang wieder zu einer Hofmusik geholt. So war der Bann gebrochen, und der junge Mozart sagte lustig: »Jetzt ist mir erst richtig wohl in Salzburg, jetzt woll'n wir's auskosten!«

Seine Vergnügtheit war grenzenlos. Nannerls Tagebuch wurde angefüllt mit übermütigem Unsinn. Bedenkenlos warf er Wörter und Sprachen durcheinander:

Salzburg 62ten: apud die contehsine DeLodron, alle dieci, e demie war ich in templo. Posteà chés le signora von Mayern, post prandium la signora Catharina chés uns. wir haben uns joues colle carte di Tarock, à sept heur siamo andati spatzieren in den horto aulico. favena le plus pulchra tempestas von der Welt.

Und nun sollte Konstanze Salzburg kennenlernen.

Sie kannte es ja noch nicht, und Wolfgang, dem die Schönheit seiner Geburtsstadt zur Selbstverständlichkeit geworden war, entdeckte in diesen Wochen, während er seine Frau herumführte, alles neu.

Hatte er je zuvor mit so wachen Sinnen vom Kapuzinerberg auf die wunderbare alte Stadt mit ihren unzähligen Türmen heruntergeschaut? War es ihm je bewußt geworden, was hier der Bauwille von Jahrhunderten mitten in die Bergwelt an das Ufer der rauschenden Salzach gesetzt hatte? Betrachtete er je aufmerksam das Kunstwerk der Pferdeschwemme am Kapitelplatz? Mitten im Wasser das Monument des springenden Pferdes in mühsam gebändigter Wildheit und im Hintergrund die Fresken kraftstrotzender Rösser in barocker Farbenpracht. Solche Bilder waren unauslöschlich mit Wolfgangs Kindheitserinnerungen verknüpft, denn nur ein paar Schritte davon war ja sein Geburtshaus am Grünmarkt.

Das mußte Konstanze auch besichtigen, und als sie oben in den ehemaligen Räumen der Mozarts standen, da klang von fern auf einmal das Glockenspiel zum offenen Fenster herein – »Wie damals...« flüsterte er, »als die Frau Mutter noch lebte...« dann schloß er das Fenster und sagte laut:

»Schad', Stanzi, daß du nicht auch noch den Stier hören kannst.«

»Bist narrisch, was für ein' Stier?« fragte Konstanze entsetzt. »Na, die Riesenorgel auf der Burg. Die tut mit ihren zweihundert zinnernen Pfeifen so sakrisch laut ins Tal brüllen, daß sie ihren Spitznamen schon verdient hat; aber der alte Eberlin und mein Vater, die haben auch richtige, gute Musik dafür geschrieben.«

Während Wolfgang so erzählte, waren sie beide die drei Treppen wieder hinuntergestiegen und weiterspaziert, hinüber zum Dom, auf dessen imponierender Orgelempore seit vierzig Jahren Vater Leopold seine eigene berufliche Erfüllung fand. Aber so schön diese Stätte auch war, Wolfgang empfand es dankbar, daß er selber nicht mehr im erzbischöflichen Dienst stand.

Im Gedanken daran doppelt vergnügt, schlenderte er mit Konstanze über den festlich hellen, weiträumigen Residenzplatz. Ja, dort drüben in dem hochfürstlichen Residenzgebäude hatte einst der Knabe Mozart musiziert – dort und in der Universitätsaula waren seine Jugendwerke aufgeführt worden. Lächelnd zeigte Wolfgang hinüber. Und wieder standen die beiden vor einem Pferdebrunnen. Lustige Rösser mit Flossen waren es diesmal, die rundherum Wasser aus ihren Mäulern spritzten. Das Sonnenlicht brach sich in allen Regenbogenfarben in dem sprühenden Naß, und Konstanze schrie lustig auf, als sie die Hände hineinhielt. Wassertropfen hingen in ihren dunklen Locken wie funkelnde Diamanten. »Jetzt hast du ein kaiserliches Diadem!« freute sich Mozart. »Ja, Schnecken, naß bin i!«

behauptete Konstanze. Damit sie es auch gründlich war, spritzte der Wolfgang sie von oben bis unten voll.

Es war gut für die beiden, daß es in Salzburg so viel Zerstreuung gab, denn manchmal kam doch wieder das bedrückende Gefühl, hier nur zu »Besuch« und nicht so recht »daheim« zu sein. Vater Leopold und auch Nannerl blieben nach wie vor ein wenig kühl zu Konstanze, und das verstimmte Wolfgang. Er merkte immer wieder, zu seinem eigenen Erstaunen, daß auch er den alten, frischen Ton zu seiner schwesterlichen Kameradin und zu dem geliebten Vater nicht mehr finden konnte. Oft fragte er sich: »Hab' ich mich so verändert oder die anderen?«

Doch solche Wolkenschatten zogen vorüber. Man ging frühmorgens in die Messe, spielte weiterhin Karten im Freundeskreis, ging spazieren im Mirabellpark mit dem Vater und dem Hund Pimperl, schaute im Stieglbräu Kegelschieben zu – ja, man fuhr sogar mit dem Wagen bis Reichenhall, um dort das Gradierhaus zu besichtigen.

Abends wurde musiziert, wenn es nicht gemeinsam ins gegenüberliegende Theater ging, wo Goethes ›Clavigo‹ und Schillers ›Räuber‹ von einer Wanderbühne gegeben wurden. Und nach dem Theater saß man gemütlich beim Wein im Peterskeller oder in einem der verräucherten kleinen »Beiseln« in der Getreidegasse. Dort traf man dann mit alten Freunden und Nachbarn zusammen, und die Stimmung bekam wieder etwas vom Glanz der alten Tage.

Auch Michael Haydn, Joseph Haydns Bruder, der erste Konzertmeister des Erzbischofs, war mit seiner lustigen, kugelrunden Frau meist dabei; dann wurden derbe Kanons gesungen, oder es gab einen herrlichen Männergesang an jenen warmen Herbstabenden unter den alten, weitausladenden Kastanienbäumen; denn Michael Haydns Liebhaberei neben seinen großen Kunstwerken war, vierstimmige Chöre für Kegelbrüder zu schreiben und überall, wo er hinkam, Chorvereinigungen zu gründen. Seine Frau Magdalena, die selbst Sängerin und Schauspielerin war, mußte ihn immer ein wenig damit ärgern.

Eines Tages aber begegnete ihr Wolfgang auf dem Markt. Sie hatte verweinte Augen. »Wo fehlt's?« fragte er teilnehmend. »Ach, der Michel ist krank – er hat so Halsweh und hohes Fieber, und jetzt regt er sich auf, weil er seine Arbeit für den Erzbischof nicht liefern kann. Schon zweimal ist von der Burg ein Läufer gekommen, ihn zu mahnen, und jetzt hat der Erzbischof sagen lassen, er zieht ihm diesmal sein Monatsgehalt ab, wenn er nicht pünktlich ist.«

»Soso, der Erzbischof...«

Wolfgang ging gleich mit zu seinem alten Freund und ehemaligen Lehrer. Michael, der alte Spaßvogel und Unfugmacher, lag mit glühendem Kopf in den Kissen.

»I weiß net, was mich mehr druckt, mein g'schwollener Hals oder die Arbeit, die i net machen kann!« jammerte er heiser.

»Was sollst denn machen?« erkundigte sich Wolfgang.

»Mei, etwas für dem Bischof seine abendliche Hausmusik – ganz privat – er selber spielt Bratsche...« keuchte Michael und schluckte tapfer seine bittere Medizin.

Wolfgang tröstete ihn, so gut er konnte. Daheim kam er nicht von dem Gedanken los, welch ein Heidenspaß es wäre, den Bischof ein wenig an der Nase herumzuführen... Am anderen Morgen klopfte der Wolfgang an Michael Haydns Tür und legte ihm lachend einige Notenblätter auf das Bett:

»Da hätt' ich eine neue Medizin für dich!«

Michael schaute ihn fragend aus fiebrigen Augen an – zwei Duos für Violine und Bratsche lagen auf seiner Bettdecke.

»Wolferl, bist a Goldkerl! Des werd' ich dir nie vergessen!«

Die Gans von Kairo

Vater Leopold hatte des Sohnes briefliche Bitte um einen Operntext nicht vergessen und sich damals sofort mit dem Hofkaplan Varesco in Verbindung gesetzt. Der hatte denn auch gleich einen Stoff zur Hand, ein typisches »Maschinenstück«, wie man es zu der Zeit so gern auf die Bühne brachte, eine übermütige, leichtfüßige Komödie. Aber Mozarts Begeisterung war schon beim Lesen des Titels recht mäßig, Varesco wußte jedoch seine Sache temperamentvoll schmackhaft zu machen:

»Sie kennen doch die Geschichte vom Trojanischen Pferd?«

»Was werd i net«, sagte Mozart, »aber was heißt hier Pferd – ich denk', es handelt sich um a Gans, oder net?«

»Ja, natürlich, um eine Gans, das ist ja der Witz! Um eine Riesengans, die nach dem Muster des Trojanischen Pferdes in einen Schloßhof praktiziert wird, nur, daß ihr keine Streitmacht entsteigt, sondern ein liebender Jüngling...«

»... Ah so, der auf diese unkommode Weis' zu der Dame seines Herzens gelangt...« ergänzte Wolfgang nun selber und brummte: »No ja, man kann immer eine schöne Musik dazu machen, wenn junge Madln befreit werden. Geben S' mir halt das Bücherl nach Wien mit...«

Wenige Tage später begann Konstanze die Koffer zu packen. Vorher aber geisterte sie noch mit Wolfgang gründlich durch das alte Tanzmeisterhaus, von der Küche bis zum Dachboden. In der Küche mußte Konstanze schnell noch lernen, wie man Tiroler Knödel und Salzburger Nokkerl macht, und auf dem Speicher waren geheimnisvolle Kisten und Körbe voll alter Bücher, Noten und Erinnerungen.

»Herr Vater, jetzt schau' ich selber einmal hinauf, wenn Sie's nicht tun, und such', ob ich noch etwas von der alten Kirchenmusik find', die Sie einmal komponiert haben«, sagte Wolfgang zum Vater.

»Ach, laß doch das alte Zeug!« raunzte der. »Inzwischen hat sich der Gusto auch auf diesem Gebiet geändert.« Wolfgang aber gab nicht nach: »Deswegen soll die wahre Kirchenmusik doch nicht unterm Dach von Mäusen g'fressen werden – der Herr Vater braucht sich der Sachen nicht zu schämen, sie sind grad recht, um sie dem Swieten vorzuspielen.«

Wolfgang fand denn auch die Noten säuberlich mit blauen Schleifchen zusammengebunden neben der Handschrift des Buches ›Versuch einer gründlichen Violinschule‹, das soviel Erfolg gehabt hatte, und einem verstaubten Bändchen ›Notenheft für Nannerl Mozart‹. Konstanze hielt es in der Hand.

»Jetzt sollt' man oft gar nicht denken, was für ein sorglicher und zärtlicher Vater er ist. Eigentlich hat er doch nur für euch g'lebt...« sagte sie leise.

Nachdenklich nahm Wolfgang die Schriften in die Hand und blies den Staub fort. »Ja, ja, er war so sehr nur Vater, daß er jetzt wohl immer ein bissl gekränkt ist, wenn ich etwas anderes sein will als nur Sohn.«

Unten in der Wohnung geriet er noch über eine behäbig dickbauchige Kommode. Als er die oberste Schublade mühsam herausgezogen hatte, fand er darin einen alten, prallgefüllten Koffer. Er öffnete ihn und rief freudig überrascht:

»Stanzi, Nannerl – da schauts her, das reinste Museum, unsere Reiseandenken und Trophäen aus aller Herren Ländern!« Er langte mit beiden Händen hinein in diese Schatztruhe, und die Erinnerungen stimmten ihn teils vergnügt, teils wehmütig. Was barg die Schublade? Schnupftabakdosen, Tintenfässer, Gürtelschnallen, Gebetbücher, Parfümflaschen, Spiegel und verzierte Bestecke, hübschen Tand und – Uhren. Uhren waren Wolfgangs Liebhaberei.

»Jetzt leg' ich sie amal alle in eine Reih und zieh' sie auf. Bin g'spannt, welche morgen früh noch geht und auf wieviel verschiedenen Zeiten die Zeiger dann stehn«, sagte er schmunzelnd. Dann fand er noch etwas.

»Schau, Stanzi, das bringen wir unserm Raimundl mit,

den ›man-ni-fiquen‹ Kinderdegen des Erzbischofs von Mecheln! Den hat er mir im Sommer 63 g'schenkt, da war ich sieben Jahr alt.« Konstanze jedoch hatte ihr Augenmerk auf etwas ganz anderes gerichtet – sie betrachtete verzückt ihre linke Hand, die ein hübscher Ring zierte. Er hatte die Form einer Blumenvase, mit Türkisen, Rubinen, Smaragden und einem Halbbrillanten besetzt. »Den hab' ich vom hessischen Landgrafen«, erinnerte sich Wolfgang, »behalt ihn, wenn er dir so gut g'fallt!«

Aber da trat der Vater herein. Er sah den Ring am Finger seiner Schwiegertochter und bekam ganz schmale Lippen. »Hübsch, net wahr? Doch diese Sachen bleiben natürlich hier in Salzburg beisammen«, und höchstpersönlich räumte er all die kleinen Schätze wieder in die Schublade. Nichts durften sie mitnehmen, auch nicht das goldene Zahnstocherbüchschen aus Paris. Konstanzes Gesicht färbte sich dunkelrot. Es war schon so: Der Herr Vater mochte sie nicht.

Am Tage vor der Abreise gingen Wolfgang und Konstanze noch einmal in die alte Stadtpfarrkirche der Franziskaner, die mit ihren schlanken, himmelan wachsenden Säulen wie keine andere Kirche Salzburgs zur Andacht zwingt. Die jungen Mozarts hatten beide ihre heißesten Wünsche auf dem Herzen, als sie vor dem Altar der lieblichen Madonna Michael Pachers die lange weiße Kerze anzündeten.

Dann kam der Abschied. »Auf Wiedersehen in Wien!« riefen alle zugleich, als die Pferde anzogen. »Grüß die Herrschaften Thun in Linz!« rief der Vater. »Und euer Buberl!« hörte man die Nannerl noch rufen.

Und so fuhren sie über Vöcklabruck, Lambach und Linz wieder heim nach Wien, ohne zu ahnen, daß ihr kleiner Sohn schon seit Wochen nicht mehr lebte. Mutter Weber hatte dafür gesorgt, daß sie während ihrer Reise nichts davon erfuhren. Das war wohl gut gemeint, aber nun war der Schmerz um so größer, da sie sich ja so auf das Wiedersehen gefreut und sich ausgemalt hatten, wie groß und dick ihr Raimundl jetzt sei. Konstanze weinte tagelang.

Ihr war alles verleidet. »Hätten wir ihn doch mitgenommen!« schluchzte sie immer wieder, aber Wolfgang versuchte zu trösten: »Hader nicht, es hat halt so sein müssen. Wir haben es ja gut gemeint. Kleine Kinder soll man nicht auf Reisen mitschleppen, wo es im Wagen immer so zieht. Schau, wenn er unterwegs gestorben wär', würden wir sagen: ›Hätten wir ihn doch daheim g'lassen!‹«

Er war ja selber tief getroffen und konnte sich nur in der Arbeit vergessen. Mit Wehmut dachte er an die wunderschönen letzten Tage in Linz, an denen sie beide so unbeschreiblich gastlich im Hause des Grafen Thun aufgenommen waren. Die Symphonie in C-Dur, die Linzer, die er dort Hals über Kopf für einen festlichen Abend schreiben mußte, war der musikalische Ausklang dieser an seelischen Spannungen reichen Reise.

Nun stand die nächste Aufgabe, die Komposition zu der ›Gans von Kairo‹, vor ihm. Mit Feuereifer ging er daran, aber der Text freute ihn nicht recht. Verflixt, dieser Varesco hatte absolut keinen Sinn für die dramatische Wirkung einer Szene – er würde allerlei ändern müssen. Bis dahin ließ Mozart die drei fertigen Stücke, die Aria buffa, das Quartett und das Finale liegen. »Es wär' mir leid, wenn ich eine solche Musik müßt' umsonst gemacht haben...« seufzte er einmal.

Aber gottlob, er hatte Besseres zu tun, als sich mit schlechten Textbüchern herumzuärgern. Es tat ihm auch nicht mehr leid, daß aus den Klavierstunden der württembergischen Prinzessin zuletzt doch nichts geworden war. Sollte sich ein anderer damit plagen! Er hatte sein Publikum, das ihn liebte und für das er gern komponierte. Ja, Mozart begann Mode zu werden.

Er wurde der erklärte Liebling des Adels und der Gesellschaft. Auch bei sich zu Hause gab er Konzerte, empfing vornehme Besucher und Schüler, und so kam, was kommen mußte: Mozarts zogen wieder einmal um.

Ein glücklicher Zufall ließ in dem fünfstöckigen Wohn- und Geschäftspalast des Trattnerhofes am Graben, also mitten in der Stadt, eine passende Wohnung freiwerden. Dieses Riesengebäude, das zwei Höfe mit rieselnden Brunnen und vier verschiedene Treppenhäuser hatte, bot außer der pompösen Buchhandlung und einem Lesekabinett auch noch ein Kasino, das abwechslungsweise zur Cafeteria, zur Lehranstalt und zum Tanzinstitut wurde. Im Fasching fanden hier Maskenbälle statt, und in der Fastenzeit wurde ein anderer Saal im ersten Stock für Konzerte benutzt.

Diesen akustisch ausgezeichneten Raum jetzt in so unmittelbarer Nähe zu haben, war für Mozart wohl der Hauptreiz der neuen Wohnung. Außerdem war es nun nicht mehr so weit zu seiner Lieblingsschülerin, der jungen, schönen Frau von Trattner, der er im folgenden Jahr zwei seiner herrlichsten Klavierkompositionen widmete: jene erschütternd leidvolle c-Moll-Sonate, aus der soviel von Mozarts wahrem Wesen spricht, von der tiefen Melancholie seiner empfindsamen Seele, die er nach außen hin so meisterhaft in liebenswürdiger Heiterkeit oder hinter ausgelassenen Späßen zu verbergen wußte. Hier war er wieder, der gequälte Aufschrei, dem man zum ersten Mal in der Pariser a-Moll-Sonate beim Tode seiner Mutter begegnet. Tragisch war auch das zweite Klavierstück dieser Widmung: die c-Moll-Phantasie, voll glühender Leidenschaft, dabei meisterhaft formvollendet und von neuartig kühn-virtuoser Technik.

Konstanze mochte Frau von Trattner, die einen herzensguten, um vierzig Jahre älteren Gatten hatte, mit etwas süßsaurem Lächeln begegnet sein. Aber jetzt ging sie erst einmal mit großem Eifer daran, die vornehme und geräumige Wohnung einzurichten. So etwas hatte sie sich immer gewünscht! Sie, die stets in kleinen Verhältnissen gelebt hatte, genoß es nun doppelt, mit Wolfgang endlich Bilder, Silber, Vorhänge und Teppiche zu bestellen. Eines Tages wurde sogar ein Billard die Treppe hinaufgeschleppt.

Billard, dieses kunstvolle Spiel mit den weißen und roten Kugeln aus Elfenbein, die der sicher geführte Billardstock über den grünbespannten Spieltisch stößt, bis die Bälle sich nach strengen Regeln berühren und zur Ruhe kommen –

dieses Spiel beherrschte das Ehepaar Mozart meisterhaft. Außerdem hatte der Arzt dem Wolfgang körperliche Bewegung verordnet. Ja, es ging aufwärts, und man brauchte keine Sorgen mehr zu fürchten, wenn man nur gesund blieb und fleißig war. Nächtelang saß Mozart am Klavier. Es war ja sein eigentlichstes Instrument! Wie Sternschnuppen kamen die Einfälle aus der dunklen Stille der Nacht — zahllos, zahllos... Nebenan lag Konstanze mit offenen Augen, lauschte und wußte oft nicht, ob sie die Musik lieben oder hassen sollte. Sie hörte ihn, wie ihn noch keiner gehört hatte, doch was nützte das? Konstanze wollte lieber ihren zärtlichen, übermütigen Amadé haben als zuschauen, wie er sich immer mehr an die Musik, seine gestrenge Herrin, verlor.

Im Trattnerschen Saal fanden drei Konzerte statt, »Subskriptionskonzerte«, die eine gute Einnahme sicherten, denn der Preis für alle drei Abende betrug 6 Gulden, und es hatten sich 174 Subskribenten eingetragen. Stolz schickte Wolfgang dieses Verzeichnis der besten Namen Wiens an seinen Vater, Namen der Hocharistokratie, des Kleinadels, des guten Bürgertums und des geistigen und künstlerischen Wien. Durch die gut besuchten Hauskonzerte bei Fürst Galitzin und bei den Grafen Kaunitz, Zichy, Cobenzl, Palffy, Thun und Esterhazy, die ohne Mozart nicht mehr denkbar waren, hatte er ein Publikum, das nicht nur zahlte, sondern auch Musikverständnis besaß. Auch im Theater fanden wieder Mozartakademien statt.

Bei dem Salzburger Hofagenten Kajetan von Ployer in Döbling draußen war stets ein erlesener Kreis von Menschen der Kunst und Wissenschaft versammelt. Seine beiden begabten Töchter Babette und Barbara trieben in erfreulicher Weise Musik. Das Gästebuch wies die bedeutendsten Namen auf. Joseph Haydn hatte als Freund des Hauses seinen »doppelt krebsgängigen Kanon« hineingeschrieben. Da fand sich auch seine Schülerin Marianne Martinez neben dem Abt des Klosters Lilienfeld, Maximilian Stadler, mit dem auch Mozart befreundet war, Domorganist Georg

Albrechtsberger, Hofkapellmeister Josef Weigl und viele andere.

An einem lauen Junitag des Jahres 1784 fand wieder eine Akademie bei Ployers statt. Diesmal sollte etwas ganz Besonderes geboten werden zu Ehren des hohen Gastes Giovanni Paisiello, den Mozart im Wagen abholte.

Es war ihm ein besonderes Vergnügen, diesem liebenswürdigen italienischen Opernkomponisten die Klavierkunst seiner Schülerin Babette in zwei für sie geschriebenen Werken vorzuführen und dann sein neues Quintett in Es-Dur für Oboe, Klarinette, Horn, Fagott und Piano hören zu lassen. Hielt er doch gerade dieses für die beste seiner bisherigen Kompositionen.

Ich wollt' wünschen, Sie hätten es hören können! schrieb Wolfgang darüber an seinen Vater. *Übrigens bin ich (die Wahrheit zu gestehen) auf die letzthin müde geworden vor lauter Spielen – und es macht mir keine geringe Ehre, daß es meine Zuhörer nie wurden...*

Es war immer etwas los, und für die vielen Veranstaltungen mußten immer wieder neue Sachen da sein, und so mußte man eben komponieren...

»Wann hast du einmal wieder ein bissl Zeit?« erkundigte sich Konstanze, aber Wolfgang lachte nur – er war in einem wunderbaren Schaffensrausch.

»Stanzerl, sag selbst – es bleibt mir doch nix anderes als der Abend und die Nacht für mei' eigentliche Arbeit! Die Schüler darf ich auch nicht aufgeben am Vormittag. Aber wart nur, Stanzi, bis zum Sommer wird's schon ruhiger werden. Bis dahin müssen wir doch froh sein, daß es so ist.«

»Ich weiß schon«, seufzte sie, »aber bis dahin...«

»Ach, Stanzerl – freu dich doch, bis dahin haben wir wieder ein lustiges, neues, dickes Buberl! Und wir gehen auch wieder jeden Morgen ein oder zwei Stunden spazieren.«

Diesmal wurde der Hausherr von Trattner Taufpate, und Mozarts zweiter Sohn, der am 21. September 1784 zur Welt kam, hieß Carl Thomas.

Alter Freund Schikaneder

In den letzten Oktobertagen des Jahres 1784 führte Konstanze einen Kavalier in Wolfgangs Arbeitskabinett, der an Größe und Prächtigkeit der Erscheinung alles in den Schatten stellte, was in letzter Zeit ihr Haus betreten hatte. Konstanzes Blicke glitten halb bewundernd, halb belustigt von den Schnabelschuhen mit den roten Absätzen über die seidenen Strümpfe, in denen pralle Männerwaden steckten, über das gelbseidene Beinkleid zum scharlachfarbenen Rock, aus dem der Degen fürwitzig hervorschaute, über die prächtig silbergestickte Weste bis zu dem Hut, auf dem eine weiße Feder schwankte. Als der pompöse Herr dieses kleidsame Dekorationsstück mit Schwung vom Kopfe nahm, faßte sie mit behutsamen Händen zu und stand nun neugierig abwartend da, wie Amadé diesen unbekannten Besucher begrüßen würde. Aber, siehe da — der war gar kein Unbekannter!

»Bruder Leichtsinn!« rief Mozart fassungslos erfreut, und schon lagen sich die beiden ungleichen Gestalten in den Armen. Wolfgang war sofort die Erinnerung an jene lustige Rolle wieder vor Augen gekommen, die Emanuel Schikaneder in Salzburg vor fünf Jahren in seinem selbstverfaßten Stück ›Das lustige Elend‹ gespielt hatte. Diese Rolle schien ihm wie auf den Leib geschrieben: Bruder Leichtsinn. Schikaneder aber, der den anderen um mehr als Haupteslänge überragte, reckte seine Bühnenfigur noch um einiges höher, drohte mit dem Finger und sagte lachend:

»Ich will doch nicht hoffen, verehrter Sohn des verehrten Vaters Mozart, daß Ihr mich als Bruder Leichtsinn im Gedächtnis habt! Sollte es mir damals nicht gelungen sein, Euch als Hamlet zu überzeugen, oder waret Ihr nicht bei der Menge, die in Törrings ›Agnes Bernauer‹ blutige Tränen weinte, als ich den Herzog Albrecht darstellte?«

»Nix für ungut...« meinte Wolfgang, »halten S' zu Gnaden, Prinz Hamlet. Grüß dich Gott, du alter Gauner!«

Damit war ein altes Freundschaftsband wieder angeknüpft – Grund genug, den besten Wein aus dem Keller zu holen, in Erinnerungen zu schwelgen und von den Neuigkeiten zu berichten. »Das waren Zeiten damals in Salzburg!« rief Emanuel. »Nix gegen Euren Bischof – ich weiß, Ihr habt Krach mit ihm gehabt. Ich aber konnt' mich nicht über ihn beklagen; mich hat er mein Programm spielen lassen: ›Macbeth‹, ›König Lear‹, ›Emilia Galotti‹, und sogar den ›Barbier von Sevilla‹ von dem Beaumarchais. Meine Frau hat fast überall die Hauptrollen gespielt, und er, der Bischof, kam selbst ins Theater, und g'steckt voll war's, sogar aus Berchtesgaden und Reichenhall sind die Leut' kommen – da macht's Spaß, das feuert einen an! No, du weißt es ja. Oder weißt es nimmer?«

Oh, wie gut sich Wolfgang an jede Einzelheit erinnerte! Hatten die Mozarts doch zu jeder Vorstellung Freiplätze gehabt, und hernach war man zusammen zum Bölzlschießen gegangen. Wolfgang hatte damals allerlei Bühnentechnisches von diesem Universalgenie Schikaneder gelernt, der nicht nur ein guter Schauspieler, Sänger und Komiker war, sondern auch ein witziger Dichter, einfallsreicher Regisseur und Theaterdirektor, ein Vorkämpfer des deutschen Singspiels.

»Mein Leben für die Kunst!« ließ Schikaneder sich nun mit Pathos vernehmen, »in Preßburg war's Mist – kein Publikum – kein Humor – na, ich hab's denen zum Abschied noch einmal gezeigt, was ich von ihnen halt'. Ein Stück hab' ich eigens für die Preßburger geschrieben, wo lauter Geflügel mitspielt – Gänse, Enten, Hühner, Pfauen, Puter … da konnt' sich jeder aussuchen, wer gemeint war!«

Schikaneder krümmte sich vor Lachen, wenn er an den Spaß von damals dachte. Er schlug mit der flachen Hand auf den Tisch, daß die Weingläser tanzten, und als Konstanze erschrocken dreinschaute, erriet er ihre Gedanken: »Nein, ich braucht' mich nicht mehr ums Publikum zu scheren, es war ja meine Abschiedsvorstellung. Am Tag darauf rollten die Wagen meiner Truppe westwärts… Der Kaiser, mein Lieber, ja, euer Joseph hat mich eingeladen, im Kärntnertortheater zu spielen. Er hatte einige meiner Stücke in Preßburg gesehen – nicht das mit den Gänsen, versteht sich, aber Schillers ›Räuber‹ zum Beispiel. Majestät war sehr zufrieden, ließ mich in die Loge kommen und sagte... ›Lieber Schikaneder‹, sagte der Kaiser, ›Sie sind der Mann, den ich suche, ein Mann von Geist und Witz, ein mutiger Vertreter fortschrittlicher Ideen, ein Mann aus dem Volke, wie ich hörte, also einer, der die Leiden und Freuden und Wünsche des Volkes versteht – kommen Sie mit Ihrem Ensemble nach Wien!‹ – Und jetzt bin ich da!« »Ja, da bist«, Mozart lachte vergnügt. »Möchtest du mir jetzt auch noch verraten, mit was du die Saison eröffnen willst?« Da reckte Emanuel Schikaneder seine Heldenbrust heraus und schnaufte erst einmal tief, denn er hatte sich so auf den Augenblick gefreut, wo er seinem Freund Wolfgang sagen konnte: »Meine Truppe spielt als erstes ›Die Entführung‹!« Es war weit nach Mitternacht, als Emanuel in eigener Kutsche mit eigenen Pferden lärmend wieder davonrollte und das Ehepaar Mozart ihm aus dem Fenster erschöpft und vergnügt zugleich nachwinkte.

Die Neueinstudierung der ›Entführung‹ war eine freundliche Geste des Kaisers. So hatte er wieder etwas für das deutsche Singspiel getan, wenn schon aus der deutschen Oper nichts werden sollte. Die Kritiken waren gut, aber was hatte Mozart davon? Er war ja nicht beteiligt an den Theatereinnahmen. Seine Bezahlung aus der Kasse des Kaisers war ein für allemal abgegolten, und da Wolfgang nichts von Geschäften verstand, hatte er sogar versäumt, an den Klavierauszügen zu verdienen. Schikaneder war kaufmännischer und hatte eine katzengewandte Art, nach jedem Mißerfolg wieder auf die Füße zu fallen, aber diesmal sollte er mitten in der Premierenseligkeit dieser Wiener Theatersaison einen herben Schlag erhalten. Seine Frau Eleonore, die vorzügliche Schauspielerin, Tänzerin und geschickte Direktorin, das Herz der Schikaneder-Truppe, hatte ihren Gatten verlassen. Sie mochte ihre Gründe haben, denn Emanuel war kein idealer Ehemann. Mit den besten Kräften des Ensembles gründete sie eine neue Truppe und nahm auch Schikaneders Bruder Urban mit.

»Und jetzt, was machst?« fragte Mozart teilnahmsvoll, als Emanuel ihm sein tiefgekränktes Herz ausgeschüttet hatte. »Was ich mach'?« Schikaneder richtete sich mit einem energischen Ruck auf. »Bin ich ein Theaterdichter, oder bin ich es nicht? Ich übersetze zur Zeit ein Stück von Beaumarchais ›Le Mariage de Figaro‹. Eigentlich ist es die Fortsetzung des ›Barbiers von Sevilla‹ aber viel bedeutender ... es tritt den hohen Herrschaften empfindlich auf die Zehen. Es spricht für das Volk — gepfeffert, sag ich dir! Je nun, mir macht's Spaß.« »Und die kaiserliche Theaterzensur?« wagte Wolfgang einzuwerfen, aber Emanuel lachte breit.

»Ist der Joseph ein Volkskaiser, ein Mann des Fortschritts und der menschlichen Privatrechte oder nicht? Du weißt doch, was er g'sagt hat?« Schikaneder hob die Stimme: »›Jeder meiner Untertanen soll in den Genuß seiner angeborenen Freiheiten gesetzt werden‹ ... das hat er g'sagt — da wär's doch noch schöner, wenn man nicht die Freiheit hätt', sagen zu dürfen, was wahr is!«

Und tatsächlich, die Zensur genehmigte Schikaneders Übersetzung der ›Hochzeit des Figaro‹. Eiligst wurde das neue Stück einstudiert, die Dekorationen gemalt, die Karten zur Premiere verkauft; aber als man am Abend ins Theater gehen wollte, stand man vor verschlossenen Türen und der ungeheuren Tatsache, daß die Aufführung im letzten Augenblick vom Kaiser verboten worden war. Sicher war es nicht seine persönliche Überzeugung, aber er hatte Rücksichten zu nehmen.

So kam es, daß man den Figaro zwar lesen, aber nicht auf der Bühne sehen durfte — sehr zum Schaden Emanuel Schikaneders.

Leopold Mozart im Wiener Wirbel

Wenn Wolfgang seinen kleinen Carl beobachtete, wie dieser mit den winzigen Fingern spielte und mit seinen großen Augen zu ergründen suchte, ob diese zappelnden Wesen wohl ihm gehörten, dann dachte er recht herzlich an die Schwester Nannerl und meinte zu Konstanze: »Ich kann dir gar net sagen, wie mich das freut, daß sie doch noch einen Mann gefunden hat, der dem Vater recht ist. Ein Freiherr von Berchtold zu Sonnenburg ... da hat er schlecht nein sagen können, der Herr Vater, und wenn es zehnmal ein doppelter Witwer mit fünf Kindern ist!«

»Ob der Vater zu ihr nach St. Gilgen zieht?« wollte Konstanze wissen. Sie mochte so ihre Gedanken dabei haben, denn sie wußte, daß Wolfgang nach Salzburg geschrieben hatte, der Vater möge sich doch pensionieren lassen, er könne sich dann immer noch überlegen, ob er lieber bei seiner Tochter im Salzkammergut oder beim Sohn in Wien bleiben wolle. Jedenfalls stand des alten Mozarts Besuch bevor.

Als es soweit war, kam er nicht allein, denn gleichzeitig sollte sein Schüler Heinrich Marchand sich mit seinem Geigenspiel vor der Öffentlichkeit hören lassen. Was war da wohl geeigneter als die Kaiserstadt, in der Wolfgang, der gefeierte Meister, alle Wege ebnen konnte?

Ja, Leopold Mozart war immer noch der altbewährte Reisemarschall. So reiste er jetzt, nachdem seine Nannerl Freifrau von Sonnenburg geworden war und am Geburtsort ihrer Mutter in St. Gilgen wohnte, mit den Marchand-Kindern zunächst nach München zu den Eltern von Heinrich und Margarethe.

Seiner guten Laune konnte auch die klirrende Kälte der Februartage nichts anhaben, an denen er, samt seinem Schüler Heinrich in Marchands bequemer Chaise in Richtung Wien fuhr. Beim Sohn angekommen, dauerte es eine ganze Weile, bis man die beiden aus ihren Pelzdecken geschält und in der warmen Stube aufgetaut hatte. Sie niesten tüchtig und tranken viel heißen Punsch, bevor sie all die tausend Münchner Grüße ausrichteten und die neueste Wohnung in Augenschein nahmen; denn die jungen Leute wohnten nicht mehr bei Trattners, sondern seit Michaeli nahe beim Stephansdom in der Schulergassen. Vater Leopold war angenehm überrascht, daß es in solch einer dunklen, engen Gasse eine so gemütliche Wohnung gab.

Die beiden Weitgereisten hatten kaum Zeit, sich richtig auszuruhen und das Söhnchen Carl zu bewundern, das mit seinen fünf Monaten so freundlich lachen und schon fast sitzen konnte.

»Ziehn Sie sich um, bester Herr Vater, in einer Stund' fangt's Konzert an«, mahnte Wolfgang. Dabei saß doch da noch der Kopist, der an den Notenblättern schrieb, die heut abend gebraucht wurden!

Es war das erste Subskriptionskonzert Wolfgangs in diesem Jahr, und das durfte man sich nicht entgehen lassen. Alle Müdigkeit war verflogen, als Vater Mozart mit Konstanze und Heinrich Marchand die Ehrenplätze im Saal auf der Mehlgrube einnahm und erlebte, wie sein Sohn, dessen Erzieher und ehrgeiziger Lehrer er gewesen war, hier im Kreise der erlauchtesten und verständnisvollsten Gesellschaft gefeiert wurde. Seine Augen leuchteten, seine Hände klatschten sich heiß, er war von tiefer Dankbarkeit gegen Gott erfüllt. Der eiserne Ring löste sich, der jahrelang sein besorgtes Vaterherz gedrosselt hatte, da er meinte, den Sohn in falscher Richtung laufen zu sehen. Ein Kennerblick über die Zuschauermenge, ein rascher Überschlag über die sich daraus ergebende Finanzlage beruhigten den alten Mann. Strahlender Stolz belohnte die Mühsal, die er mit diesem Wunderkind gehabt hatte, und ein heller Schein des Ruhmes fiel jetzt auch auf ihn, den Vater, als er all die Hände schüttelte, die sich ihm entgegenstreckten. Da waren sie wieder, die alten Bekannten aus all den Städten und Ländern, die die kleinen Mozartkinder schon gehört und gefördert hatten: Fürsten, Grafen, Barone – und alle ließen auch die Nannerl grüßen... Am nächsten Abend schon war eine kleine Hausmusik angesetzt, bei der Vater Leopold mit dem Mann bekannt werden sollte, den er für den größten Musiker der Zeit hielt und aus dessen vielseitiger Kunst sein Wolfgang schon früh die wertvollsten Anregungen geschöpft hatte – Joseph Haydn!

Aus dem armen kleinen Wagnerbuben war der von aller Welt anerkannte Kapellmeister des Fürsten Esterhazy geworden, ohne hochmütig oder gönnerhaft gegenüber den Jüngeren zu werden. »Vater Haydn« nannte man den nun Fünfzigjährigen wegen seiner besonnen fürsorglichen Wesensart, und »Willkommen, Vater Haydn!« rief auch Wolfgang, als Konstanze den Gast ins Musikzimmer führte.

Dort hörte man schon das Fiedeln Vater Mozarts und der beiden anderen, die ihre Instrumente stimmten. Heut sollten ja die Quartette zum erstenmal gespielt werden, die Wolfgang innerhalb der letzten zwei Jahre unter dem Eindruck von Haydns »Russischen« komponiert hatte. Seine »Kinder« nannte er diese Quartette, als er sie später Joseph Haydn widmete und diese »Früchte einer langen und beschwerlichen Arbeit« dem Schutz und der Führung des hochbegabten Mannes, der sein treuester Freund war, anvertraute.

Leopold Mozart blickte abwägend Joseph Haydn und dann seinen Sohn an. Wie zart und blaß sein Wolfgang neben dem fast doppelt so alten Haydn aussah, der etwas beneidenswert Erdhaftes, Unverwüstliches an sich hatte. Schon wollte ihn wieder die alte Sorge um des Sohnes Zukunft beschleichen. Wie oft hatte er ihm das gesicherte Leben eines fürstlichen Kapellmeisters angepriesen, aber jetzt gab Wolfgang das Zeichen zum Beginn der Musik – und Sorge, Zeit und Raum versanken... Joseph Haydn war ein dankbarer Zuhörer. Die Bewunderung, die er dem jungen Meister entgegenbrachte, war aufrichtig und herzlich; aber auch der andere hörte nie auf, Haydnsche Klänge verzückt und lernbegierig in sich aufzunehmen. Der alte und der junge Meister waren sich ebenbürtig und erstaunlich ähnlich, trotz aller Verschiedenheit. Wie oft hatten sie beide fast denselben Gedanken; es bestand aber keine Gefahr, daß dasselbe dabei herauskommen würde. Kälter war das Glitzern der Sterne des raschlebigen, unbedachten Mozart – höher vielleicht der Himmel, näher das Jenseits, tiefer das Leid, dunkler die Dämonie, eleganter das Menuett, sprühender die Laune. Von ganz anderer Seite kam Haydn, dessen Kunst wie ein Baum in bäuerlicher Heimaterde verwurzelt und gewachsen war – ein Baum, der kraftvoll in Gottes Sonne, Wind und Regen stand, ganz gleich, ob der Blitz in seine Äste fuhr oder leichte Frühlingslüfte in seinen grünen Blättern spaßhaft tändelnd spielten.

Haydn hatte in seinem Leben genug an der Form des Streichquartetts experimentiert und wußte, wieviel Geist und Kompositionsarbeit in Mozarts wundervollen Werken steckte. Er beglückwünschte Vater und Sohn von Herzen, als sie hernach in Mozarts kleinem Arbeitskabinett saßen, wo Konstanze einen Tisch mit Wein und Bäckereien gerichtet hatte.

»Ich kann mir vorstellen, daß dir hier was einfallt«, sagte Vater Leopold, »dies' Kabinettl hat ganz g'wiß etwas Musikalisches mit seinem Marmorstuck, und die Ruhmesgöttin« – er blickte lächelnd zu dem graziösen Deckenrelief hinauf – »wird dir manch gute Idee vom Plafond 'nunterwerfen.«

»Schon, schon«, lachte Wolfgang, »aber der gute Kaiser Leopold mit der g'schneckelten Perücke da über der Tür – der schiebt allweil seine Unterlippe so vor, als ob's ihm net b'sonders g'fallen tät, und der hat viel von der Musik verstanden.«

»No ja, aber nicht alle vorg'schobenen Unterlippen sind spöttisch«, meinte Haydn im Hinblick auf seine eigene, »ich glaub' jedenfalls, daß der Kaiser Leopold sich einen Hofkapellmeister wie Mozart nicht hätt' entgehen lassen – der war weniger sparsam als unsere jetzige Majestät.«

Alle lachten und wußten, daß da viel Wahres daran war. Es wurde ein vergnügter, gesprächiger Abend, von dem Vater Leopold stolz an die Nannerl berichtete: ... *und Herr Haydn meinte zu mir, »ich sage Ihnen vor Gott als ein ehrlicher Mann, Ihr Sohn ist der größte Komponist, den ich von Person und dem Namen nach kenne. Er hat Ge-*

schmack und überdies die größte Kompositionswissen-schaft.«

Leider wurden des Vaters Freuden recht getrübt durch den Rheumatismus, den er sich auf der kalten Kutschfahrt geholt hatte. Er ging ganz krumm und rieb sich mit grim-migem Humor den schmerzenden Rücken. Solang er zu Hause war, fand man ihn nur am Ofen lehnend, aber bis zum Abend mußte er sich immer wieder aufrappeln, denn es war täglich etwas anderes los, auf das er keinesfalls ver-zichten wollte.

So wäre es doch zu schade gewesen, wenn er die Theater-akademie versäumt hätte, bei der Wolfgang das Konzert spielte, das er für die blinde Pianistin Paradis geschrieben hatte. Die Mozarts saßen nur zwei Logen von der schönen jungen Prinzessin aus Württemberg entfernt, die später wohl einmal Kaiserin von Österreich werden sollte; außer-dem hatte Vater Leopold das Vergnügen, alle Instrumente so vortrefflich zu hören, daß ihm ganz heiß ums Herz wurde. Und als Wolfgang vom Klavier wegging und das Publikum hingerissen applaudierte, da durfte Leopold wie-der einen stolzen Augenblick erleben. Der Kaiser stand in der Loge, machte mit dem Hut in der Hand ein Kompli-ment ins Theater hinunter und schrie, daß es alle hören konnten: »Bravo, Mozart!«

Auch an seinem Schüler Heinrich hatte Vater Leopold Freude. Wenn bloß der Malefizrheumatismus nicht ge-wesen wäre! Zwischen Pülverchennehmen, Tränkchen-schlucken, Salbeneinreiben und herzerweichendem Gejam-mer mußte geübt, gespielt, gelernt werden – man wußte oft nicht, wo, denn der Wolfgang hatte ja auch seine Proben, seine Kopisten, Schüler und Besucher. Schließlich ging doch alles gut. Der junge Marchand bestand sogar die Feuertaufe seines Burgtheaterdebuts zur Zufriedenheit aller.

Es war nicht nur das künstlerische Programm dieser Wiener Wochen, das bewältigt werden mußte. Da war auch noch die Familie, und zwar die »Weberische«, in die der Wolfgang nun einmal hineingeheiratet hatte und die zu übersehen dem Vater nun doch nicht ganz gelingen sollte. Einige seiner Vorurteile hatte er schon beiseitelegen müssen, und am Abend nach einer Akademie konnte er aufs angenehmste überrascht feststellen, daß die vielgeschmähte Mutter Weber mindestens eine ausgezeichnete Köchin war. Es war ein sehr großer Fasan, vortrefflich zubereitet – einfach deliziös. Anerkennend zog Vater Leopold die linke Augenbraue hoch und tupfte sich mit dem Mundtuch sorgsam die Lippen ab, bevor er das Weinglas ergriff, um Konstanzes Mutter zuzuprosten.

Auch seine Ansichten über die »Langin« hatte er umstoßen müssen. Er sah Aloysia, die frühere Angebetete seines Sohnes, mit Erfolg spielen, er hörte ihre großartige Stimme Wolfgangs Arien singen und bewunderte sie. Besonders gut verstand er sich mit Aloysias Gatten, einem bedeutenden Schauspieler und hochgebildeten Mann. Daß er auch malen konnte, bewies das lebendige Porträt von Wolfgang, auch das von Konstanze, und jetzt wurde noch Vater Mozart auf rotes Papier gemalt. Leopold fühlte sich sehr geschmeichelt, aber sein Rheuma wurde immer schlimmer, so daß er wahrhaftig ein paar Abende daheim bleiben mußte. Grollend natürlich, aber von der Sophie, Konstanzes jüngster Schwester, treulich gepflegt, massiert und mit heißem Klettenwurzeltee versorgt.

Gottlob, bis zu Wolfgangs Burgtheaterakademie, bei der er sein großes C-Dur-Konzert spielte, war der Vater einigermaßen gesund. Es war eine mörderische Saison, und Leopold schrieb der Tochter Nanni nach St. Gilgen:

... Wir können vor ein Uhr in der Nacht nie schlafen gehn, stehn nie vor neun Uhr auf, um halb 2 halbe 3 zum Essen. Abscheuliches Wetter! Tägliche Akademien, immer Lernen, Musikschreiben etc. – wo soll ich hingehn? Wenn nur einmal die Akademien vorbei sind! Es ist unmöglich, die Schererei und Unruhe alles zu beschreiben! Deines Bruders Fortepianoflügel ist wenigst zwölfmal, seitdem ich hier bin, aus dem Haus ins Theater oder in ein anderes Haus getragen worden. Er hat ein großes Forte Piano Pedal

*machen lassen, das unterm Flügel steht und drei Spann
länger und erstaunlich schwer ist, alle Freitage auf die
Mehlgrube getragen wird und auch zum Grafen Zichy und
Fürst Kaunitz getragen wurde...*

Das Ganze war reichlich anstrengend für den alten Herrn.
Man ging hier nicht immer so schonungsvoll mit ihm um,
wie er es von daheim gewohnt war. Vor der Quartett-
Soirée des Barons Wetzlar zum Beispiel, auf der Vater
Mozart mitwirken wollte, hätte er sich gern ein wenig
ausgeruht. Er holte sich ein Polster und suchte nach einem
ungestörten Platz in der Wohnung. Es wäre schön gewesen,
sich vor den neuen Ereignissen des Abends zu sammeln,
den hohen Flug der Gedanken durch ein Mittagsschläfchen
für eine Weile einzudämmen...

    Nein, es sollte nichts daraus werden! Die Parkettboden-
frottierer waren bestellt, und bald fand der Vater im ganzen Quartier keinen warmen Winkel mehr. Erbarmungslos
wurden sämtliche Fenster und Türen aufgerissen, und
rundherum begann ein Putzen, Kratzen, Polieren, daß dem
Ärmsten schließlich nichts anderes übrig blieb, als zu dem
Hausmädchen und dem kleinen Carl in die Küche zu
flüchten.

Ja, es war Zeit, daß des Vaters Aufenthalt in Wien seinem Ende zuging. Aber der Abschied brachte nur neuen Wirbel. Ein Diner jagte das andere: beim Hofkapellmeister Bono, beim Schloßhauptmann von Laxenburg, da eines, dort eines, und zu guter Letzt schickte die Baronin von Waldstätten noch Wagen und Pferde, um die ganze Familie nach Klosterneuburg zu holen, wo man bei ihr speiste.

Eine Woche später reiste ein ziemlich erschöpfter alter Mozart mit seinem vergnügten Schüler Marchand ab. Man trennte sich in aller Herzlichkeit, aber wenn Vater Leopold je ernstlich daran gedacht hatte, zu seinem Sohn in die Kaiserstadt zu ziehen, dann war er jetzt von diesem Plan geheilt. Er hatte genug gesehen, um beruhigt und stolz heimzukehren, aber solch ein Leben halte der Teufel aus!

Lauter Italiener

Seit dem Verbot von Schikaneders Aufführung sprach man in Wien von nichts anderem mehr als von ›Figaros Hochzeit‹. Man war neugierig geworden. Was hatte es denn auf sich mit diesem Stück, das schon in Paris soviel Staub aufgewirbelt hatte? War es nicht eine ganz gewöhnliche, wenn auch etwas verwickelte Liebesgeschichte? War es wirklich politisch revolutionär, hetzte es in der Tat das Volk auf gegen die Vorrechte des Adels?

Nun, Mozart hatte das Buch von Beaumarchais gelesen, und es war ihm ziemlich einerlei, was der Graf Almaviva im ›Figaro‹ für einer war, obwohl er ja auch ein Hühnchen zu rupfen hätte mit einem Grafen ... mit Graf Arco, dem erzbischöflich-salzburgischen Oberstkämmerer, dessen Fußtritt Wolfgang nicht vergessen hatte... Dem wollte er es bei Gelegenheit schon heimzahlen! – Aber sonst, sonst hatte Mozart nichts gegen die Adeligen, er lebte von ihnen, sie behandelten ihn wahrhaftig nicht kränkend – nein, ihm machten die scharf gezeichneten Typen Spaß, und er las den ›Figaro‹ in der ganz boshaften Urfassung auf französisch.

Mozart, der soviel Sinn und Gedächtnis für Charaktere hatte, sah all die Menschen des Buches lebendig vor sich – sie nahmen Gestalt an, sie lebten an seiner Seite.

Der pompöse Schikaneder, in letzter Zeit fast täglich Gast bei Mozarts, machte ein saures Gesicht, als sein Freund Wolfgang eines Tages sagte: »Eine Oper hätt' man halt draus machen sollen.«

Abwehrend hob er beide Hände. »Laßt mich aus mit diesem Figaro – das hätt' grad noch g'fehlt, daß du auch noch deine Arbeit umsonst daran hängst. Nein, weißt, die Schauspielerei steht mir bis da –« er zeigte, bis wohin sie ihm stand, »alles schön und gut, wir sind hier Staatsangestellte seiner Majestät des Kaisers und keine Vagabunden mehr wie früher, die nicht einmal wert waren, in den Personalstandslisten einer Stadt zu erscheinen als geboren, verheiratet oder gestorben. Man hat zu leben, auch bei der kleinsten Rolle. Aber Wolfgang, kannst du dir vorstellen, daß es mich freut, kleine komische Figuren darzustellen – ich, der Schikaneder, der Hamlet, der Graf Essex, der Herzog Albrecht... nein, i mag nimmer – ich will entweder ein neues Theater in Wien gründen, wenn mir der Kaiser die Lizenz dazu gibt und sich ein Geldmann dafür findet, oder ich stell' eine neue Truppe zusammen und zieh' wieder in die Welt hinaus wie früher, oder...« Emanuel machte eine bedeutsame Pause, da er gerade an einem knusprigen Hühnerbeinchen knabberte.

»Oder was?« erkundigte sich Wolfgang, während er nach dem zweiten Hühnerbeinchen langte und, zu seiner Frau gewandt, so nebenbei fragte: »Stanzi – wieviel Haxen hat eigentlich so ein Viech?« Die lachte und befaßte sich indessen mit einem Flügel. »Könnt euch so passen, wenn die Hühner als Tausendfüßler auf die Welt kämen...«

»Oder...« nahm Schikaneder die unterbrochene Rede wieder auf, »wir zwei schreiben doch noch einmal eine Oper miteinander!«

Vorerst aber machte Mozart noch eine entzückende Bekanntschaft durch Emanuel Schikaneder. Es war die Schauspielerfamilie Gottlieb. Im Haus ›Zum Goldenen Pfauen‹, das direkt an die Rückseite des Kärntnertortheaters angebaut war, lebten im 4. Stock Vater und Mutter Gottlieb, beide Komiker, deren Töchter Josepha, eine Sängerin, Eleonore und Karoline, Darstellerinnen von Kinderrollen, und die jüngste, Annerl Gottlieb, der mit ihren elf Jahren bereits das Schauspielertalent aus den schwarzen Augen blitzte.

Das war so ein richtiger Haushalt für Menschen wie Mozart und Schikaneder. Hier wurde musiziert und Spaß getrieben, hier war man sich ehrlicher Freundschaft gewiß, hier gab es keine Hofetikette und keine Theaterintrige. Bei Gottliebs konnte man sogar seinen Ärger über die eifersüchtigen Ränke eines Antonio Salieri vergessen, der eben als Mitarbeiter Glucks in Paris großen Erfolg gehabt hatte und nun in Wien immer herrischer auftrat.

Königin Maria Antoinettes Fürsprache hatte Salieri zu seinen Einnahmen als Wiener Kapellmeister und Operndirektor nun auch noch eine Ehrenpension des französischen Hofs verschafft. Er hätte keinen Grund gehabt, sich Mozart in den Weg zu stellen, zumal er dessen Kunst ehrlich anerkannte. Sie hatten doch leicht nebeneinander Platz im musikhungrigen Wien, hätte man meinen können. Antonio Salieri, der Italiener, komponierte bereits wieder eine neue Oper. Auch Righini sollte wieder eine Oper vorbereiten – lauter Italiener!

Mozart aber saß mit dem französischen Textbuch des ›Figaro‹ in einer Ecke seines Arbeitskabinetts. Er hatte gerade Klaviermusik geschrieben, brauchte er doch immer neue Sachen für seine Konzerte – aber auf einmal rief's von der Decke herunter aus dem barocken Schnörkel des rosa Marmorstucks: »Figaro! Figaro!« und noch einmal echote es von gegenüber aus dem andern Schnörkel: »Figaro!« und hier und da und dort lachte ein singendes Mädchenköpfchen: »Barbarina! Bärbchen!« Sah sie nicht aus wie Annerl Gottlieb... und als Konstanze hereinkam und fragen wollte, wie es mit dem Schlafengehen sei, da sah er sie als Susanne im Duett mit der Gräfin singen, und drüben sah er noch jemand, und Mozart rief: »Cherubino, hübscher schlanker Page – was machst du da hinter dem Stuhl?«

Konstanze hielt ihrem Mann die Kerze ins Gesicht: »Ja, Wolferl, Amadé – bist am End eing'schlafen, daß du im Traum so daherredest?«

»Dieser Figaro macht mich noch narrisch!« knurrte Wolfgang, »gleich morgen geh ich damit zum da Ponte und frag ihn, ob er mir den auf italienisch umschreibt, da hätt' ich auch amal a welsche Oper... Das wird der alte Schlawiner schon können, ist ja auch ein Italiener und selber in Venedig aufg'wachsen.« Und da Ponte sagte ja. Aber da war noch der Kaiser, der das Stück eben erst verboten hatte... und da war der Salieri, der eine fürchterliche Wut bekam, als er hörte, daß da Ponte mit Mozart zusammenarbeiten wollte... ausgerechnet der da Ponte, den Salieri doch selbst zum Kaiser gebracht hatte! »Wie kommt dieser maledetto Salzburger dazu, aus einem Stück von Beaumarchais eine Oper machen zu wollen – von Beaumarchais, dessen Gast ich eben in Paris war und dessen neues Textbuch ›Tarare‹ ich vertonen soll!« tobte er. Nun, er durfte hoffen, daß der Kaiser als vernünftiger Mensch den ›Figaro‹ auch in dieser da Ponte-Bearbeitung verbieten würde. Salieri lächelte im voraus schadenfroh. Er lächelte zu früh. Er unterschätzte die Überredungskünste seines Landsmannes da Ponte und die Gunst, in der dieser beim Kaiser stand.

Da Ponte wußte genau, daß er nur eine Stunde früher als die anderen aufzustehen brauchte, um den Monarchen ziemlich sicher in bester Stimmung und aufnahmebereit zu finden. Jede Marktfrau, jeder kleine Handwerker kannte dieses Geheimnis, sie hatten darum oft mehr Aussichten, ihre Angelegenheiten unmittelbar vor den Kaiser zu bringen als die höchsten Diplomaten, die längeres Ausschlafen und ein ausführliches Frühstück für nötig hielten.

Majestät selbst lebte in soldatischer Einfachheit und gehörte zu den passionierten Frühaufstehern. Groß, schlank und schön, wie er war, trat er jeden Morgen aus seinem Arbeitskabinett heraus in den »Kontrollorgang« der Burg, wo er in den Vormittagsstunden für jedermann Zeit hatte, und hörte sich die Bitten, Fragen und Beschwerden der Wartenden persönlich an.

Es war oft ein buntes Völkergemisch in farbenfrohen Trachten und prächtigen Uniformen, das sich dort auf dem schmalen, nüchternen Gang zusammenfand. Ohne Anmeldung, ohne durch Wachen oder Sekretäre aufgehalten zu werden, konnte man hier erscheinen. Es gab keinen Standesunterschied, keine Bevorzugung, und das Gemurmel in verschiedenen Sprachen verstummte erst, wenn der Kaiser auftauchte. Er verstand diese Sprachen fast alle. Wie gesagt – die frühen Morgenstunden waren die aussichtsreichsten. Lorenzo da Ponte, der kaiserliche Theaterdichter, hatte wirklich einen günstigen Augenblick gewählt. Er war der dritte an diesem Vormittag und spielte lässig mit einer Rolle flüchtig beschriebenen Papiers, als der Kaiser leutselig auf ihn zutrat:

»Etwas Neues, Herr Poet?«

»Majestät, ich 'aben alle bedenkliche Dinge aus die bewußten Stück entfernt und die allzuscharfe Witz des Beaumarchais gemildert«, sagte der Abate mit tugendhaftem Augenaufschlag. »Prego, Majestät sich selbst überzeugen, und was Tauglichkeit von unsere Mozart als Opernkomponist betrifft, so ich können wohl getrost die Hand legen ins Feuer.«

»Nun, so versucht es!« sagte Kaiser Joseph, womit er sich allerdings noch zu nichts verpflichtete. Als aber nach einigen Wochen Mozart in die Burg befohlen wurde, um aus der Partitur der neuen Oper vorzuspielen, da schwanden auch die letzten politischen Bedenken des Kaisers, und Majestät schloß die Audienz mit den freundlichen Worten: »Ja, das spielen wir!«

Mitten in die Arbeit am ›Figaro‹ schneite aber ganz unerwartet ein höfischer Auftrag. Es war, als ob man sich plötzlich daran erinnerte, daß Mozart auch anderes konnte, als Kammermusik komponieren und Klavierspielen. Er bekam das kleine einaktige Lustspiel ›Der Schauspieldirektor‹ zu komponieren, nach dem Text von Stephanie, der auch ›Die Entführung‹ geschrieben hatte. Es war eine Parodie auf das Theaterleben und sollte in Schönbrunn aufgeführt werden.

Schönbrunn – ach, Mozart verband seligste Kindheitserinnerungen mit Maria Theresias Sommerresidenz! Er war nicht mehr oft hinausgekommen, seit er, der ahnungslose kleine Bürgerssohn, damals der kleinen Maria Antoinette einen Heiratsantrag gemacht hatte – der Maria Antoinette, die jetzt Königin von Frankreich war. Kaiser Joseph II., ihr Bruder, war meist in der Wiener Burg anzutreffen, und nur zu festlichen Empfängen und Sommerbällen öffneten sich die herrlichen schmiedeeisernen Tore des breit und behaglich hingelagerten Schlosses, das weit draußen vor der Stadt sich an die sanfte Hügelwelt des Wienerwaldes schmiegt.

Der Auftrag störte erheblich den Fortschritt der Figaro-Komposition und die Arbeit an großen Klavierwerken. Aber der Kaiser rief, es rief Schönbrunn, und es war ein würdiger Anlaß zu einem kaiserlichen Familienfest. Joseph erwartete den Besuch seiner Lieblingsschwester Christine und ihres Gatten Albert von Sachsen-Teschen. Man hatte sich diesmal etwas Besonderes ausgedacht.

Es war ein strahlend klarer Februartag, der keine trüben und bösen Gedanken zuließ, als eine schier endlose Kolonne von Schlitten und geschlossenen Kutschen mit klingenden Glöckchen die Hofburg verließ und nach Hietzing gegen Schönbrunn hinausfuhr. Der Anblick des sonnengelben Schloßgebäudes, das unter der weichen Schneehaube seiner Dächer, wie vom Winterschlaf erwachend, aus Hunderten von grünen Fensterläden blinzelte, hob sich so grell von dem blauen Himmel ab, daß man auch blinzeln mußte – blinzeln, schauen und fröhlich sein. Auch der Kaiser, die Erzherzöge und Erzherzoginnen und ihre Hofdamen mußten an ihre besten Tage denken, die sie hier zu Lebzeiten der Mutter Maria Theresia verbracht hatten. Alle waren prächtiger Laune, als sie mit ihren ausladenden

Reifröcken, hohen Perücken, großärmeligen Samt- und Brokatfräcken und klirrenden Degen umständlich den Schlitten und Chaisen entstiegen und über den verschneiten Schloßhof schritten. Sie waren erstaunt, nicht rechts ins gewohnte Theater geführt zu werden, sondern links hinüber in Richtung der Gärtnerei, in die Orangerie.

Dieses gläserne Gebäude war 190 Meter lang, 11 breit und 8 Meter hoch. Zu beiden Seiten des Raumes war je eine Bühne errichtet, und dazwischen stand eine reich gedeckte Tafel, an der vierzig Kavaliere mit ihren Damen Platz nahmen. Paarweise schritten sie herein, voran der Kaiser, Höchstwelcher die durchlauchtigste Erzherzogin Christine führte. Längs der Fenster standen riesige Bottiche mit blühenden Orangenbäumen, exotischen Schlingpflanzen, Blumen und Blattgewächsen.

Blasinstrumente machten die Tafelmusik während des Festmahls. Dann begab man sich zu den Sesseln, von denen aus man die eine Bühne, am linken Ende der Orangerie, sehen konnte.

Dort wurde nun von Mitgliedern der Nationalbühne Mozarts ›Schauspieldirektor‹ aufgeführt. Und wer waren diese Mitglieder? Nun, das war eben Mozarts größter Spaß an diesem Karnevalseinfall – lauter Verwandte und Freunde: das Ehepaar Lange, das Ehepaar Adamberger, das Ehepaar Stephanie und natürlich die Sängerin Cavalieri – die gar keine Italienerin war, sondern eine Währinger Schulmeisterstochter –, alles erstklassige Opernkräfte und wohl in der Lage, den Wettkampf mit dem Theater der gegenüberliegenden Seite der Orangerie aufzunehmen. Denn während einer kleinen Pause trugen Lakaien eilends die Sessel hinüber, auf daß die erlauchten Gäste nun erleben konnten, was rechts auf der welschen Bühne geboten wurde, nachdem sie links genug Beifall geklatscht hatten.

›Prima la mùsica e poi de parole‹ – Erst die Musik und dann die Worte – hieß die Opera buffa, die Salieri mit dem Text von Casti zu Aufführung brachte. Hier spielte die Gesellschaft der Hof-Operisten, also lauter Italiener. Und während Salieris Honorar hundert Dukaten betrug, mußte sich Mozart mit der Hälfte begnügen, da Salieris Stück eine »Volloper« war und Mozarts Komposition nur eine »Komödie mit Musik«.

Der »famose Flügelist«

Die Lizenz, ein neues Theater zu errichten, hatte Kaiser Joseph dem Schikaneder großzügig gegeben. Mochte er ruhig ein zweites Volkstheater gründen, als Gegengewicht zu Marinellis Leopoldstädter Theater mit dessen Kasperlprogramm. Man wollte wissen, daß Majestät selbst gern inkognito von einer Loge aus zusah. Er war ja auch ein Mensch und wollte einmal harmlos lachen. Aber ein Volkstheater, wie Schikaneder es versprach, mit etwas anspruchsvollerem Spielplan, wäre sehr nach des Kaisers Sinn gewesen, das Geld aber – ja, am Geld scheiterten alle idealen Pläne.

Schikaneder, der Lebenskünstler, der Mann mit dem gewaltigen Stierkopf und dem Grübchen im Kinn, ließ sich nicht entmutigen, er steckte die Lizenz vorerst in die Tasche und sammelte begabte Mitglieder für eine neue Wanderbühne.

Bevor er Wien verließ, um über Salzburg in seine deutsche Heimat zu ziehen, empfahl er seinem Freund Wolfgang einen kleinen Schützling. Der Vater des begabten Buben war Orchesterdirektor in Preßburg gewesen, und Schikaneder hatte ihn verleitet, mit nach Wien zu gehen. Jetzt fühlte er sich verantwortlich für das Schicksal der Familie und wollte Johann Nepomuk Hummel, das achtjährige Wunderkind, seinem Freund in Obhut geben.

Als der Besuch von Konstanze ins Vorzimmer geführt wurde, hörte man Wolfgang Klavier spielen. Sie legte den Finger auf den Mund und flüsterte: »Er arbeitet. Warten wir noch ein bissl – jetzt grad bei dem Adagio können wir net hereinplatzen; es ist etwas Neues, ein A-Dur-Konzert ... wolln S' derweil niedersitzen?«

Wie gern sie das wollten, Vater und Sohn Hummel, denen doch nichts über die Musik ging und die solche Klänge nur so in sich hineintranken. Was Mozart da spielte, hatte eine neuzeitliche Art. Reglos, stumm blieben sie sitzen und warteten, bis auch der rasche Spuk des Schlußsatzes vorbei war. Dann klopfte Konstanze an, denn Wolfgang pflegte keine langen Pausen zu machen, wenn er etwas einstudierte; aber jetzt sprang er gleich auf, als er die Ankömmlinge sah: »Ah, da schau her, mein lieber Hummel! Wo kommen S' her, wie geht's? Seids mir willkommen – setzen S' sich, und du, Kleiner, such dir auch ein' Stuhl!« Nun mußte Vater Hummel mit seinem Wunsch herausrücken. Mozart hörte ihm geduldig zu, meinte dann aber: »Wissen S', lieber Freund, ich befaß mich halt nicht gern mit dem Unterrichten, es nimmt mir zuviel von meiner Zeit... Aber lassen S' halt schaun, was mit dem Buben ist, ob sich's mit ihm lohnen mag«, und zu dem Buben gewandt, der sich inzwischen mit den roten und weißen Billardkugeln beschäftigt hatte, sagte er freundlich: »Na, da setz dich hin ans Klavier und zeig, was du kannst!«

Der war nicht ängstlich, denn er bekam schon seit dem vierten Lebensjahr von seinem Vater Unterricht und hatte als Wunderkind schon manches Stück hören lassen. So spielte er auch jetzt mit Bravour ein paar kleine Sachen von Bach herunter, und Wolfgang, der mit verschränkten Armen neben Vater Hummel auf dem Sofa saß, wurde immer aufmerksamer und teilnehmender. Er stieß den Vater ein paarmal mit dem Ellbogen an, nickte beifällig und legte dann dem kleinen Johann Nepomuk eine mozartische, nicht ganz leichte Komposition vor. Als der Bub auch diese tadellos vom Blatt spielte, sagte Mozart nur: »Na, bravo!« und dachte dabei an seine eigenen Leiden und Freuden als »Wunderkind«. Er wußte, wie wichtig neben der künstlerischen auch die seelische und leibliche Betreuung in diesem Alter war.

Der kleine Hummel blieb gleich da, so wie er war, und Konstanze war es recht. Seine Habseligkeiten brachte der Vater noch am selben Abend zu Mozarts in die Schulergassen. Da konnte er gleich sehen, daß sein Sohn hier nicht nur musikalisch gut aufgehoben war. Der Nepomuk, der hier im Haus zu den Großen gehörte, weil Mozarts Sohn gerade erst laufen konnte, hatte den kleinen Carl auf seine Schultern gesetzt, damit der besser hinaufschauen konnte in den Vogelkäfig an der Wand.

»Es ist ein Star«, berichtete Nepomuk seinem Vater. »Aber kein gewöhnlicher«, setzte er hinzu, »ein ganz musikalischer! Der Herr Mozart hat ihn auf dem Naschmarkt gekauft um 34 Kreuzer, und jetzt pfeift das Viecherl das Finalthema von einem Klavierkonzert nach.«

»Alsdann«, meinte Vater Hummel, »wenn der Herr Mozart gar so ein guter Lehrer ist, dann wird er auch aus dir ein musikalisches Wundertier machen.«

Konstanze hatte das Kinderlachen gern, das von jetzt an das Haus erfüllte, wenn die zwei Buben rundum liefen auf dem Balkon, der auf der Innenseite der Wohnung um den kleinen Hof herumführte.

Sie war viel allein, denn Wolfgang hatte wie immer in der Fastenzeit für die Akademien besonders viel zu tun. Es war halt ein Kreuz, wenn man einen berühmten Mann hatte. Die Arbeit am ›Figaro‹ ließ ihn auch nicht aus. »Wenn's bloß ein fester Auftrag wär«, seufzte Konstanze, »aber so eine ganze Oper auf Risiko…« Und dann noch die viele Privatmusik, wofür eigentlich? Konnte er denn nie genug Musik bekommen? Man sollte doch meinen, wenn einer schon sein Geld damit verdienen mußte, dann würde er's einmal müde werden… So sinnierte Mozarts junge Frau Konstanze manchmal. Aber so waren sie eben, die Musiker. Konstanze wußte es auch von Mannheim her, als ihr Vater noch lebte – doch in Wien schien es überhaupt nur Musiker zu geben, und aus aller Welt kamen sie hier zusammen.

Auch Joseph Haydn war in letzter Zeit öfter von seinen ungarischen Esterhazy-Schlössern nach Wien gekommen, und wo der auftauchte, gab's immer gemeinsames Musizieren. Erst neulich hatte er den Wolfgang mitgenommen zum Stephan Storace, in des Komponisten Wohnung, wo man auch den jungen Dittersdorf, einen hochbegabten Musiker und Komponisten, traf und den Geiger Vanhall. Kein Wunder, daß es ein ausgezeichneter und ausgedehnter Quartettabend wurde, den die vier zusammen veranstalteten, nur für sich allein. Stephans Schwester, Nancy Storace, spielte die Hausfrau. Sie war als Sängerin in Italien ausgebildet und sollte im Figaro die Susanne singen.

Noch eine andere Sängerin kam zu dieser Zeit nach Wien, Josefa Duschek. Mit ihrem Mann, dem Pianisten Duschek, machte sie von Prag aus eine Konzertreise und war Mozart

Fantasie C - moll

Adagio

Köchel Nr. 475

wahrhaftig keine Unbekannte mehr. Nein, sie fielen sich ohne weitere Begrüßung um den Hals, als sie sich auf ihrem ersten gemeinsamen Fastenkonzert wieder sahen.

»Ah, la previdi«, sang die schöne Steffi zum Zeichen freudigen Erkennens, denn diese Arie aus Paisiellos ›Andromeda‹ hatte Wolfgang im Jahre 1777 in Salzburg für sie geschrieben. Fast wäre Konstanze bei aller Wiedersehensfreude eifersüchtig geworden – aber wo käme sie da hin bei all den schönen Sängerinnen und Schülerinnen, die täglich ihren Mann umschwärmten! Es hätte wohl mehr Sinn, auf die Musik eifersüchtig zu sein. Josefas Mann, Franz Duschek, schien auch nicht eifersüchtig zu sein. Er war viele Jahre älter als seine Frau und hinkte, machte aber einen vergnügten, ja stolzen Eindruck. Überall gingen sie miteinander hin, und als sie ein paarmal bei den ›Figaro‹-Proben dabei waren, wo tatsächlich Annerl Gottlieb ihre erste Rolle als Barbarina einstudierte, da ließen beide Duscheks nicht locker: Dies Stück müsse nach Prag, Wolfgang müsse selber dirigieren, und Konstanze müsse auch mitkommen!

Nach einem gemeinsamen Konzert im Theatersaal in Gegenwart des Kaisers und des ganzen Hofes war Audienz in der Burg. Man spielte vor Seiner Majestät privatissime. Aber irgendein Zeitungsschreiber mußte wohl durch die Portieren geäugt haben, denn tags darauf war in der Zeitung zu lesen: »Der gefeierten Sängerin Josefa Duschek akkompagnierte der famose Flügelist Mozart.«

Commedia per musica

»Ei, sieh da, unser Salzburger – der Herr Mozart! Ein Ballett gar möcht' er bringen in seiner neuen Oper!« Das mußte Salieri gleich seinem Textdichter Casti erzählen, und allen mußte man es berichten, die das etwas anging. Ob dieser Mozart am Ende noch übermütig wurde in der Wiener Opernwelt, die doch ganz anderen Leuten vorbehalten war? Mochte er komponieren, was er wollte, Konzerte geben, auch einmal ein Singspiel machen, aber von der Oper sollte er die Finger lassen! Zwar konnte man die Aufführung dieses ›Figaro‹ nicht mehr verhindern, er würde allen Intrigen zum Trotz demnächst auf die Bühne kommen ... aber gar so üppig ausgestalten brauchte man dieses zweifelhafte Stück nun doch nicht ... eine Beaumarchais-Verkleidungsposse mit Ballett ... es war ja zum Lachen! Schließlich kamen diese Einwände auf dem sichersten Wege über den Garderobenmeister, der auch ein Italiener war, zum Intendanten Graf Orsini-Rosenberg. Der hörte sich's an, griff mit der ringgeschmückten Rechten nach der silbernen Glocke neben dem marmornen Tintenfaß auf seinem Schreibtisch.

»Den Poeten da Ponte bitte, und zwar sofort!«

Da Ponte war bereits genauestens unterrichtet, als er gleich darauf mit wehendem schwarzen Mäntelchen vor dem Theatergewaltigen stand. Oh, da Ponte war Venezianer, wohl geübt in der elastischen Kunst des Fechtens – ganz gleich, ob es sich dabei um die stählerne Klinge des Floretts oder um seine nicht minder messerscharfe Zunge handelte. Doch das Beste dabei war, er konnte sich auch kühl lächelnd zurückhalten und mit gut gespielter Demut schweigen. Das letzte tat er geschickt bei dem Grafen, als dieser mißbilligend sagte: »Sie wissen doch, mein Herr, daß Seine Majestät kein Ballett auf seinem Theater duldet. Wohlan denn – ich befehle Ihnen, das zu streichen, Herr Poet! Wo ist die Szene?«

Ungerührt fischte der Abate das Manuskript aus den

weiten Falten seines geistlichen Gewandes: »Prego...«
Orsini-Rosenberg riß mit raschem Griff die zwei Seiten
heraus und warf sie hinter sich ins Kaminfeuer. »So —«
rief er, »mein Herr, leben Sie wohl!«

Daraufhin mußte da Ponte zweimal alle seine Redekün-
ste aufbieten: einmal, um Mozart davon abzuhalten, sofort
ins Theater zu stürmen, dort etliche Männer persönlich zu
verprügeln und hernach gekränkt seine Partitur zurückzu-
ziehen — das andere Mal, den Kaiser zu veranlassen, die
Generalprobe zu besuchen. Da Ponte erreichte, was er
wollte: Mozart ließ sich beruhigen, und der Kaiser kam
zur Probe, begleitet vom gesamten hohen Adel.

An diesem Abend hatten sie alle Lampenfieber, auch die
Gesangsgrößen, und jeder mußte auf andere Art ermutigt
werden: der Figaro mit Schnaps, Almaviva mit einem
rohen Ei, Antonio mit Schnupftabak, die Gräfin mit
Riechwasser, Cherubino mit Schokolade, und dann schlan-
gen sich weiche Kinderarme um Mozarts Hals: zwei dunkle
Augen schauten ihn an, und eine liebvertraute Stimme
fragte: »Gell, du glaubst schon auch, daß ich's schaff? Ich
hab' auch deine Veilchen heut mit in die Garderobe genommen, die du mir gestern zu meinem 12. Geburtstag geschenkt hast — die müssen doch Glück bringen!« »Annerl!
Barbarina!« rief Wolfgang zärtlich, »Kind, du wirst's auf
jeden Fall gut machen, da ist mir net Angst. Aber du mußt
für mich auch die Daumen halten; und wenn wir alle zwei
net durchfallen, dann gehn wir am Sonntag mitnander in
den Prater!«

»Dreimal draufg'spuckt, dreimal auf Holz geklopft,
und toi, toi, toi!« flüsterte Annerl Gottlieb schnell noch,
bevor sie in ihrer Garderobe verschwand. Die anderen
brauchten nicht zu wissen, wie aufgeregt und gespannt
Mozart selbst war, als er bei der ersten Generalprobe im
roten Pelz und mit Tressenhut auf der Bühne stand, um zu
dirigieren. Aber schnell hatte er die Herzen des erlesenen
Publikums gewonnen, das mehr als ein Premierenpublikum
war. Mit den munteren Duetten zwischen Figaro und Susanne begann das Stück, das natürlich in italienischer Spra-

che gesungen wurde. Wie hinreißend frech zwitscherte Nancy Storace ihre Rolle – ja, sie war selbst die Susanne in ihrem Geplauder und röckewippenden Gehusche. Und ihr Partner, der Sänger Benucci – einen besseren Figaro hätte man nicht finden können. Wie herausfordernd kampflustig seine Kavatine klang:

> *Will der Herr Graf*
> *Ein Tänzchen nun wagen,*
> *Mag er's nur sagen.*
> *Ich spiel ihm auf.*
> *Soll ich im Springen*
> *Unterricht geben,*
> *Auf Tod und Leben*
> *Bin ich sein Mann ...*

Mozarts blasses Gesicht erglühte, leuchtete, er nickte dem Sänger zu: Bravo, bravo, Benucci!

Und der kleine Page Cherubino? Wurde er nicht das Entzücken der Damen vom ersten Augenblick an, dieser schlanke, verschüchterte Knabe, den man schon zu den Soldaten schicken will, der noch nicht weiß, was Liebe ist und doch im Wachen und Träumen immerfort davon reden muß:

> *... Jedes Mädchen, ach, macht mich erröten,*
> *Jeder Dame erbebet mein Herz.*
> *Hör' das Wörtlein Lieb' ich nur nennen,*
> *Fühl' in Glut ich die Wange entbrennen ...*

Der Beifall kam auf offener Szene, und Mozart wie die Sänger mußten sich mehrmals dankend verneigen. Aber am Schluß des ersten Aktes kam Figaros große Arie, die so zart beginnt: »Nun vergiß leises Flehn, süßes Kosen...« und mit ironischem Kriegsgetöse endet – »Cherubino, auf zum Sieg, auf zu hohem Waffenruhm!« Benucci sang mit der größten Lebendigkeit und aller Kraft seiner Stimme. Da war auch die Wirkung auf alle, die im Hause weilten,

Will der Herr Graf

aus: „ Die Hochzeit des Figaro"

Allegretto

Figaro / Klavier

Will der Herr Graf — ein Tänzchen nun wa-gen, will der Herr Graf — ein Tänzchen nun wagen, mag er's nur sagen, ich spiel' ihm auf,

die gleiche, ob sie auf der Bühne standen, im Orchester saßen oder im Parkett und in den Logen – alles applaudierte und schrie außer sich vor Entzücken: »Bravo, bravo – Maestro! Viva, viva – grande Mozart!«

Im Orchester legten sie die Instrumente nieder, um klatschen zu können, und die Geiger schlugen mit dem Bogen auf ihre Pulte. Mozart selber aber, verwirrt von diesem enthusiastischen Erfolg, ließ klein und still den Trubel über sich ergehen und verbeugte sich fast verlegen nach allen Seiten.

Der Lärm verebbte, weiter ging das Spiel. Bald kam die Stelle, an welcher das Ballett hätte aufgeführt werden sollen. Das Ballett! Statt dessen schloß der Akt mit einer Pantomime. Das Orchester schwieg, die Sänger schwiegen... Hum, hm, hm! »Was bedeutet diese Pause?« fragte flüsternd der Kaiser Salieris Librettisten Casti, der hinter ihm saß.

»Das kann wohl nur der Verfasser selbst beantworten...« hauchte mit schäbigem Lächeln der Gefragte.

Da Ponte hielt es diesmal wieder mit dem Schweigen. Wortlos reichte er der Majestät das Original des Manuskriptes, in dem die Ballettszene noch ungekürzt geschrieben stand, und deutete mit dem Finger darauf. Auf den erstaunten Blick des Kaisers zuckte er die Achseln und hob beide Hände mit vieldeutiger Gebärde in die Höhe.

»Graf Rosenberg!« die kaiserliche Stimme klang etwas gereizt, »möchten Sie vielleicht die Güte haben, mir Aufklärung zu geben?« Der sah den da Ponte zermalmend von der Seite an und stotterte: »Die Tänze fehlen...!«

»Hab' ich bemerkt, Graf, aber warum fehlen sie, bitt' schön?«

»Weil das Theater Eurer Majestät doch kein Ballett besitzt.« »So was Dummes! Andere Theater haben doch auch eins – ich wünsche...« und dabei erhob Joseph II. seine Stimme zu unmißverständlicher Lautstärke – »ich wünsche, daß alle Tänzer, die ihm nötig erscheinen, da Ponte zur Verfügung gestellt werden – sofort, wenn ich bitten darf!«

Nach einer halben Stunde waren 24 Tänzer und Figuranten eingetroffen, und das Ballett konnte stattfinden. »Sehr schön!« rief der Kaiser, der sich samt seinem Hofstaat die Zeit genommen hatte, solange zu warten, »sehr schön!« rief er. Mozart und da Ponte hatten gesiegt.

Sie hatten nicht nur gesiegt, was das Ballett anbetraf, sie hatten über alle Bedenken gesiegt, die gegen dieses Stück von Beaumarchais sprachen. Es war ihnen gelungen, aus der gesprochenen bösen Zeitsatire der Comédie Française ein dramatisches Musiklustspiel zu machen. Was im Sprechstück scharf und aufrührerisch wirkte, war hier im Text gestrichen; denn gab es nicht die Musik, die dadurch ironisch klingen konnte, daß sie oft in spitzbübischem Gegensatz stand zu dem, was gesagt wurde und gemeint war? Mozart, mit seinem unfehlbaren Bühneninstinkt, ließ das Ganze in starker Bewegung, fast tänzerisch spielen, was eine große schauspielerische und gesangstechnische Leistung erforderte. Die sonst vorherrschende steife Arie wurde hier entthront. Mehr als die Hälfte der Oper ist Gespräch, Mozart machte diese Gespräche zum musikalischen Thema – das Orchester unterstreicht die lebhafte Handlung, und so wirkt alles lebensfroh und frisch, heute wie damals.

Die Uraufführung am 1. Mai 1786 hielt, was die Generalprobe versprochen hatte, und jede Wiederholung brachte den uneingeschränkten Beifall der Wiener. Ja, es gab solch ein da capo-Rufen, daß die Vorstellung fast doppelt so lang dauerte wie vorgesehen war und die Theaterleitung sich genötigt sah, ein Plakat anzubringen, auf dem zu lesen stand: »Es wird hiermit zu wissen gemacht, daß von nun an, um die für das Singspiel bestimmte Dauerzeit nicht zu überschreiten, kein aus mehr als einer Singstimme bestehendes Stück mehr wird wiederholt werden.« Die Darsteller waren entrüstet. Monatelang hatten sie gearbeitet und geprobt, hatten auch das kleinste Gesangsstück unter Mozarts Leitung einstudiert, hatten sich von seiner Musikbesessenheit anstecken, entflammen lassen, waren eins geworden mit ihren Rollen, und jetzt sollten sie sich nicht ihres rest-

losen Applauses erfreuen dürfen! Doch die Wiener hielten
sich sowieso nicht an das bürokratische Verbot und klatschten ruhig weiter.

»Heut hat's 40 Vorhäng' 'geben !« rief Annerl Gottlieb,
als sie eines Abends heimkam, »und sogar bei meiner kleinen Kavatine, wo ich die Nadel such..., haben's ›da capo‹
g'schrien wie narrisch!«

Goldenes Prag

Nun war es schon wieder über ein Jahr her seit Leopold Mozarts Besuch in Wien, und es hatte sich noch keine Gelegenheit des Wiedersehens ergeben. Was zwischen Vater und Sohn lag, war mehr als die Entfernung zwischen Salzburg und Wien, mehr als die Kluft der Generationen.

Als der Vater in Wien war, hatte ihn alles überzeugt und begeistert – wieder in seine eigenen nüchternen vier Wände zurückgekehrt, sah er manches anders. Hatte ihn damals das Rauschen des Beifalls blind und taub gemacht, der fröhlich unbesorgte Haushalt seiner Schwiegertochter ihn übertölpelt? Die alten Zweifel überfielen ihn wieder. Immer glaubte er, noch hinter seinem Kind Wolfgang stehen zu müssen. Er hatte doch nicht sein ganzes Eigenleben geopfert, um nun zuzusehen, wie alles seinen Händen entglitt, alles schiefging!

Es kam dem alten Herrn in Salzburg allerlei zu Ohren, das ihm, dem kühl und praktisch Denkenden, eine Warnung schien. Nicht nur die Duscheks berichteten ihm von den Kabalen um ›Figaro‹. Leopold Mozart wußte, daß Intrigen nicht gelöscht werden können wie ein offenes Feuer – Intrigen glimmen unterirdisch weiter.

Des Sohnes Briefe – siegesfroh, aber übermüdet und hastig hingeworfen – berichteten nur von Erfolgen, von Plänen und des Kaisers Gunst. Ach, des Kaisers Gunst, was hieß das schon! Der Kaiser war Soldat und nicht Musiker... er hatte auf alle Ecken seines weitverzweigten Reiches sein Augenmerk zu richten, Aufstände niederzuwerfen, Kriege zu verhindern und zu führen. Überall war Spionage und Sabotage. Joseph II. war mißtrauisch gegen jedermann, gehetzt und einsam; überall kriselte es in der Politik – es ging um die Monarchie. Was war da Musik, was galt da eine Oper!

Leopold Mozart hatte Muße, sich dies alles klarzumachen. Brennende Sorge und väterlicher Groll diktierten seine ausführlichen Briefe. Einmal hieß es:

*Ich empfehl dir bey deiner Arbeit nicht einzig und allein
für das musikalische, sondern auch für das ohnmusika-
lische Publikum zu denken – du weißt, es sind hundert
die Zahl der ohnwissenden gegen zehn wahre Kenner, vergiß also das sogenannte populare nicht, das auch den
langen Ohren kitzelt ...*

Und Wolfgangs Antwort war:
*Wegen den sogenannten Popularen sorgen Sie nichts,
denn in meiner Oper ist Musik für aller Gattung Leute
ausgenommen für lange Ohren nicht!*

Ein andermal glaubte der Vater, seinen Wolfgang in reli-
giöser Richtung ermahnen zu müssen, aber der antwortete
fröhlich:

*...ich soll denken, daß ich eine unsterbliche Seele habe?
– nicht allein denke ich das, sondern ich glaube es, worin
bestünde denn sonst der Unterschied zwischen Mensch und
Vieh? – Eben weil ich das nur zu gewiß weiß und glaube,
so hab' ich nicht all Ihre Wünsche so, wie Sie sich gedacht
hatten, erfüllen können.*

Und Vater Mozart saß weiter allein in Salzburg mit seinen
Gedanken. Von anderen Leuten mußte er hören, daß der
›Figaro‹ es trotz seines Triumphes nur zu neun Vorstellun-
gen gebracht hatte. Kein »da capo!« mehr, und »Viva
Maestro!« schrie man jetzt in anderen Opern.
   Wolfgang schrieb, daß er gedenke, bald nach Paris zu
fahren, um dort zu konzertieren – nicht ins Blaue hinein
natürlich. Nun lerne er mit seiner Konstanze aufs neue
Französisch. Aber zugleich auch Englisch, denn anschlie-
ßend wolle man nach London, wo man immer Sinn für
deutsche Musik gehabt habe, und Christian Bach in London sei tot. Mit ziemlich krauser Stirn las Vater Leopold
diesen Brief. Daß der Wolfgang sich doch immer so leicht
begeistern ließ! Außerdem war im Oktober erst wieder ein
kleiner Mozartsohn geboren worden. Leopold hieß er dies-

mal, und wieder war Herr von Trattner Pate. Aber des Vaters Stirn wurde beim Weiterlesen des Briefes nicht glatter, im Gegenteil – zum Schluß sprang Leopold auf und rannte im Zimmer auf und ab. Da hatte man es! Wieder sollte er für seines Sohnes unsichere Unternehmen geradestehn, man kannte das von der letzten Pariser Reise. Jetzt machte Wolfgang gar den Vorschlag, seine beiden Kinder samt Personal zu ihm nach Salzburg in Pflege zu geben. Er wolle für die Kosten aufkommen, und die gute alte Thresel würde dem Herrn Vater die Sorge schon abnehmen.

Nein, nein und abermals nein! Wenn dem jungen Paar nun unterwegs etwas zustieße, oder die beiden hätten keine Lust, so bald heimzukommen, dann hätte er, der alte Mann, die Buben auf dem Hals! Dabei verschwieg Vater Leopold in seinem Absagebrief nach Wien, daß er den kleinen Leopold der Nannerl schon seit seiner Geburt im Hause hatte.

Nun, es sollte ohnedies alles anders kommen. Der Säugling in Wien starb schon nach wenigen Wochen an Krämpfen, und Mozart erhielt aus Prag zwei Einladungen, die ihn stolz und glücklich machten.

Seit Anfang Dezember hatte dort der ›Figaro‹ in einer ausgezeichneten Besetzung einen unbeschreiblichen Erfolg. Er wurde seither fast täglich gespielt, und jetzt bat das Orchester des Prager Nationaltheaters um Mozarts persönliche Mitwirkung. Der Brief war mit den Namen des höchsten Adels und der besten Künstlerschaft unterschrieben.

Seinen ›Figaro‹ in Prag selbst dirigieren! Ja, das hatte sich Wolfgang schon längst heimlich gewünscht – und jetzt kam noch die liebenswürdige Einladung des Grafen Thun dazu. Der bot ihm und Konstanze in seinem Prager Palais Wohnung und Kost und alle Bequemlichkeiten für die Zeit des Aufenthalts, und wie die gräflich Thunsche Gastfreundschaft aussah, das hatten Wolfgang und Konstanze vor drei Jahren erst in Linz verkosten dürfen. Eine Zeit sorglosen Schaffens und froher Geselligkeit stand bevor.

Sie fuhren zu dritt. Der Geiger Hofer, der Mann von

Konstanzes ältester Schwester Josepha, begleitete sie. Gleich nach Weihnachten begann das Abschiednehmen. Die Schülerinnen alle – Frau von Trattner, Babette Ployer, Gräfin Thun und Gräfin Rumbeck-Cobenzl, Komtesse Palffy, Franziska Jacquin und auch Annerl Gottlieb mußten einmal allein fleißig sein. Carl, der kleine Mozartsohn, kam zu Tante Lange in Pflege, und Nepomuk Hummel, der kleine Muckl, wie sie ihn nannten, ging wieder zu seinen Eltern, traurig, daß sein Pflegevater und Lehrer wegfuhr. Mozart nahm ihn, da er so tüchtig war, oft mit in die adligen Häuser, und manchmal durfte er beim Vierhändigspielen mit seinem Meister sogar den 2. Part übernehmen. In der Schulergassen war er zur »Musikalischen Zeitung« befördert, denn Mozart hatte ihn feierlich zum Vorspieler neuer Musik ernannt, eine gute Übung für den angehenden Künstler, der den Ehrgeiz hatte, immer das Neueste zu erfahren.

Nepomuk stand mit kalten Füßen und roter Nase am Schlitten, als Hofer, Wolfgang und Konstanze in ihre Pelze krochen und der Kutscher den schnaubenden Pferden die Decken abnahm. Es schneite wie aus Säcken, und seltsam klang, was Mozart aus seiner Vermummung heraus dem Muckl noch zurief: »Und paß gut auf, daß du mir vorspielen kannst, was andere Leut' derweil komponiert haben!«

Dann glitt der Schlitten aus der engen Schulergassen, am Steffel vorbei, zum Tor hinaus. Weiß, weiß, weiß war jetzt alles – die Flocken tanzten, die Pferde trabten, die silberhellen Glöckchen klangen in den frühen Tag, und unter dem braunen Bärenfell, das zwei glückliche Menschen umhüllte, fanden sich bald zwei Hände.

»Wir sind jetzt verzaubert«, flüsterte Wolfgang, damit Hofer es nicht hören sollte, »ich bin Punktititi, der Lieblingssohn des Wuhikibi, des Kaisers von China.«

»Und ich?« fragte Konstanze kichernd und ebenso leise.

»Du bist Schabla Pumfa, meine Lieblingsfrau aus dem fürstlichen Geblüt der Pabla Schumfa.«

»Und der?« fragte Konstanze weiter und zeigte mit der

Nasenspitze auf den Schwager, der von dem sanften Schlittenschaukeln bereits eingeschläfert war.

»Das ist Rotzka Pumba, allerhöchster Palastwächter seiner Majestät des Kaisers Wuhikibi.«

»Und wie heißt Gottfried Jacquin?«

»Der heißt Hikiti Horky, und der Diener Joseph heißt Sagadarata – weißt jetzt g'nug?«

»Ja, Amadé.«

»Ich bin doch Punktititi, du Schaferl!«

»Ja, Punktititi – gib mir a Busserl, der Hofer schlaft ja schon!«

»Ja, Schabla Pumfa – auch zwei, Stanzimari, Spitzignas – oder drei oder hundert!«

Und der Kutscher vorn auf dem Bock, der knallte mit der Peitsche und dachte vergnüglich grinsend: Die zwei friert's wenigstens net!

Drei Tage fuhren sie so in den böhmischen Wind hinein, nächtigten in behäbigen, jahrhundertalten Rasthäusern der Poststationen, wo man auf die Bedürfnisse der winterlichen Reisenden wohl eingerichtet war. Klobige Buchenscheiter glommen in den Kaminen, duftende Braten drehten sich am Spieß, Glühwein dampfte in den irdenen Kümpfen, und in den breiten, schwereichenen Himmelbetten warteten unter mächtigen Federbergen die messingenen heißen Bettpfannen. Gegen Ende des dritten Tages lag im Abendsonnenglanz die Stadt vor ihnen. Die herrliche Prager Stadt der Kirchen, Brücken und Paläste grüßte mit all ihren vielgestaltigen Türmen, umwoben von dem unsagbaren Zauber, den alle Orte ausstrahlen, in denen Großes geschah, in denen Geschichte weiterlebt zwischen den Mauern.

Durch die Schrecknisse vieler Kriege und Unterdrückungen hatte sich hier der Sinn für Kunst und Lebensfreude besonders stark entwickelt, und Mozart durfte in dem uralten Kulturzentrum der doppelsprachigen böhmisch-deutschen Landeshauptstadt mit einem begeisterungsfähigen Publikum wohlhabender Bürger, musikverständiger Adeliger und Gelehrter rechnen.

Seit 1764 besaß Prag eine ständige italienische Oper. Daneben spielte eine deutsche Singspielbühne im alten Nationaltheater. Jetzt hatte Graf Anton Nostitz am Obstmarkt ein neues Nationaltheater gebaut und seit 1783 dem bewährten Pasquale Bondini verpachtet, der vorher zwei Jahre lang im Gräflich Thunschen Theater auf der Kleinseite gespielt hatte. Bondini war einer jener Theaterleute, auf deren treffsicheren Instinkt man sich verlassen konnte. Nachdem Mozarts ›Entführung‹ vor vier Jahren bereits einen unerhört großen Erfolg gehabt hatte, griff Bondini nur zu gern zum ›Figaro‹. Diese Oper sollte zu einem Triumph werden, der nur noch durch des Komponisten persönliche Mitwirkung gesteigert werden konnte. Prag erwartete Mozart...

Ganz anders, als er sich das gedacht hatte, wurde er empfangen. Ja, war denn ganz Prag zur Figarostadt geworden? Aus allen Häusern, in allen Gassen klangen Figaromelodien. Der Harfenist im Kaffeehaus spielte Figarolieder. »Hörst du's, Stanzi?« Und Wolfgang faßte seine kleine Frau bei den Händen, und sie sangen zusammen wie alle anderen: »Nun vergiß leises Flehn, süßes Kosen...« — ja, richtig, man konnte sogar danach tanzen! »Stanzi, mir scheint, ich bin am End' hier schon richtig berühmt — ist das net schon das ›Populare‹, von dem mein Herr Vater immer spricht?«

Es gab bereits Auszüge für Klavier und sogar Bearbeitungen für Blasinstrumente, und eine Kammmermusik ohne ›Figaro‹ war undenkbar. So schrieb Wolfgang schon nach einigen Tagen höchst belustigt von einem vornehmen Ball an Gottfried von Jacquin:

Liebster Freund, liebster Hikiti Horky! Das ist Ihr Name, daß Sie es wissen... wir haben uns alle auf unserer Reise Namen erfunden — Um 6 Uhr fuhr ich mit Graf Conac auf den sogenannten breitfeldischen Ball, wo sich der Kern der Prager Schönheiten zu versammeln pflegt. Das wäre so was für Sie gewesen, mein Freund! Ich meine, ich sehe Sie

all den schönen Mädchen und Weibern nach – laufen, glau-
ben Sie? Nein, nach hinken! – Ich tanzte nicht und löffelte
nicht. Das erste, weil ich zu müde war, das Letztere aus
meiner angeborenen Blöde. Ich sah aber mit Vergnügen zu,
wie alle diese Leute auf die Musik meines Figaro, in lauter
Contretänze und Teutsche verwandelt, so innig vergnügt
herumsprangen! Denn hier wird nichts gesprochen, als von
– Figaro, nichts gespielt, geblasen, gesungen, gepfiffen
als –Figaro, keine Oper besucht als – Figaro und ewig
›Figaro‹ – gewiß große Ehre für mich!

Ein andermal war Mozart beim Grafen Pachta eingeladen
auf dessen Schloß Dux, wo gerade der alte Abenteurer
Casanova zu Gast weilte. Casanova hatte eine Wette ab-
geschlossen, daß er am selben Abend noch eine Tanzkom-
position von Mozart erhalten werde. Da jedermann bekannt war, daß Mozart höchst selten und ungern auf solche
Bitten einging, glaubte niemand an den Erfolg. Casanova
aber wußte sich zu helfen. Liebenswürdig lud er den Komponisten eine Stunde vor dem eigentlichen Ball zum Nachtmahl bei sich ein. Der Diener führte den berühmten Gast
feierlich in ein Kabinett, wo bereits der Tisch gedeckt
war – aber Mozart traute seinen Augen kaum, als er entdeckte, daß auf seinem Platz statt des Tellers ein Pack
Notenpapier, statt des Bestecks Tinte und Gänsekiel aufgelegt waren. Nun, es duftete dennoch recht verlockend
aus nächster Nähe, und so machte Mozart gute Miene zum
bösen Spiel. Nach einer halben Stunde schellte er dem
Diener, legte ihm die Kompositionen für sechs Deutsche
Tänze auf sein silbernes Tablett und ließ seinem Herrn
ausrichten, daß er nun aber ehrlich Hunger habe.

Am 17. Januar besuchte Mozart erst einmal seine Oper
im Nationaltheater als Gast. Der Jubel, als er vom Publikum entdeckt wurde, kannte keine Grenzen. Am 20. Januar
war dann eine Aufführung unter seiner persönlichen Leitung, und er durfte spüren, was es hieß, in Böhmen zu
musizieren. Hier war man von jeher auf eine reiche musikalische Tradition stolz. Es gab viele böhmische Musiker

und Komponisten ersten Ranges. Der Adel hielt sich ausgezeichnete Privatorchester; Klöster und Schulen sorgten
für guten Musikunterricht, und bis in die ärmste Schicht
der Landbevölkerung ging der Sinn für lebensfrohe Volks-
musik.

In Prag hatte Mozart ein Orchester, das Feuer und
Flamme für ihn war. Besonders die Bläser machten ihm
Freude, und die Darsteller waren alle erstklassig. Der
donnernde Beifall galt dem Salzburger Wolfgang Amadeus
Mozart, der heute das ganze Theater zu doppelter Leistung
angespornt hatte.

Und die schöne Josefa Duschek strahlte. War es doch in
erster Linie ihr Werk gewesen, Theaterdirektor Bondini
auf den ›Figaro‹ aufmerksam zu machen, da sie die Oper ja
schon kannte, bevor sie in Wien uraufgeführt wurde.
»Schöne Steffi, bezauberndste aller Frauen«, rief Casanova, der darüber Bescheid wußte, »ganz Prag wird dir
danken für diesen Abend!« Aber da war noch ein anderer
Abend, der einen Höhepunkt dieser Prager Festtage bil-

dete: Mozarts Akademie, auf der er seine D-Dur-Sympho-
nie dirigierte. Wie Meereswogen klang der Applaus, als die
Symphonie zu Ende war. Tosendes Rufen und Schreien,
so daß Mozart sich noch zum Schluß ans Klavier setzte
und eine gute halbe Stunde phantasierte. Er war ein Meister in der Kunst des Phantasierens. Dabei verleitete ihn

seine beispiellose Fingertechnik aber nie zu rein virtuosem Spiel. Davor schützte ihn sein Gemüt, sein Ideenreichtum und die tief verwurzelte Kenntnis der alten Satzkunst.

Das Publikum aber ist bei solchem Improvisieren besonders aufgeweckt und gespannt. Es hat mehr als Premierenstimmung, weil es einmal dabei sein darf, wenn etwas ganz Neues entsteht. Sobald Mozart aufhörte, wurde er gezwungen, nochmals ans Klavier zu gehen. Immer großartiger wurde seine Musik, das Spielerische verwandelte sich in Gewaltiges. Dann stand er endlich auf und ging. Das Publikum raste. Und Mozart erschien zum dritten Mal – auf seinem Gesicht lag ein fast unirdischer Glanz innerster Zufriedenheit, als er sich verneigte; dann ging er langsam zum Instrument, ließ einen Augenblick nur die Hände auf den Tasten ruhen, als wolle er neue Kraft sammeln – da klang in die atemlose Stille des Raumes eine Stimme: »Aus ›Figaro‹!«, worauf Mozart sofort das Motiv der Lieblingsarie »Nun vergiß leises Flehn…« aufgriff und aus dem Stegreif unermüdlich die ideenreichsten Variationen hören ließ. Er leistete, was noch nie gehört worden war. Freigebig öffnete er die Schatzkammer seiner genialen Musikalität vor diesem dankbaren Publikum, verströmte sich und war wohl glücklich wie noch nie in seinem Leben.

Der Abschied von der Musikstadt Prag wäre Mozart schwergefallen, hätte er nicht zwei Dinge in der Tasche gehabt: 1000 Gulden Verdienst aus dem Symphoniekonzert und einen Vertrag mit Bondini für eine neue Oper!

Don Giovanni

Natürlich fiel ein Teil des Figarotriumphes auch auf den Librettisten Lorenzo da Ponte. Noch keiner seiner Operntexte hatte einen solchen Wirbel ausgelöst. Ja, es lohnt sich schon manchmal, eine Sache durchzusetzen, der allerlei Schwierigkeiten entgegenstehen.

Mochte man von da Ponte denken, was man wollte... Seine Vergangenheit? Man murmelte so manches von seinem früheren Leben in Venedig, als Freund und Genosse des eleganten Gauners Casanova. Auf fünzehn Jahre war der Abate da Ponte gerichtlich aus dem Bannkreis Venedigs ausgestoßen – doch wer fragte hier danach! Dieser Italiener konnte etwas, war eine interessante Erscheinung – Priester, Dichter, Theatermann, Abenteurer, Genie, und er ließ mit sich reden, man konnte mit ihm arbeiten – ein Vorteil, den Mozart vom Figaro her zu schätzen wußte. Darum zögerte er auch keinen Augenblick, gleich nach seiner Rückkehr von Prag nach da Ponte zu schicken.

»Bon giorno, Maestro!« riefen beide gleichzeitig zur Begrüßung, und Konstanze eilte, einige Flaschen vom besten Tokaier aus dem Keller zu holen, denn es war ja gewiß, daß der Herr Poet auch alles ganz genau erfahren mußte, was sich in Prag zugetragen hatte, und das gab alle Aussichten auf eine lange Nacht. Das Beste aber hob sich ihr Wolfgang für zuletzt auf. Er griff nach dem Glas und rief: »Bevor Sie aber heut heimgehn, mein lieber Lorenzo, will ich Ihnen noch was zum Nachdenken mitgeben, eine Preisfrage: Was machen wir dem Bondini für eine neue Oper?« Da Ponte verschluckte sich fast an seinem Wein. »Eine neue Oper für Prag?«

»Richtig, für Prag«, bestätigte Mozart, »aber was für eine? Es soll einmal eine ernste Opera sein, etwas Wuchtiges, damit die Leut' was zum Nachdenken haben – vierundzwanzig Stunden laß ich Ihnen Zeit, Lorenzo, und dann ist der Stoff da, und Prost darauf!«

Tatsächlich erschien der Abate am nächsten Abend bereits wieder in der Schulergassen. Er bediente sich einer feierlichen Miene und rückte nicht gleich mit dem Ergebnis seines Grübelns heraus. Er mußte sich erst ein bißchen rar machen.

»Piano, pianissimo, mein lieber Freund...« murmelte

er mit schmalen Lippen, »sein eben leider so, daß ich 'aben gar keine Zeit...«

»Daß i net lach'«, kicherte Mozart etwas verärgert, »ein Dichter hat keine Zeit zum Dichten – so was gibt's doch garnet!« »Doch, doch – molto misericordia! Es sein wirklich so. Wenn ich Ihnen sage, werter Maestro Mozart, daß ich zur Zeit schreibe an einer Opera für Maestro Salieri, nach Text von Beaumarchais' ›Tarare‹, nennt sich hier ›Azur‹, und außerdem noch Text für Maestro Martini. Er hat Erfolg gehabt, Sie wissen, mit ›Cosa Rare‹. Und jetzt will er ›Baum der Diana‹ von mir – zwei opera grande, gleichzeitig, Maestro, gleichzeitig!«

Mozart ließ sich aber nicht erschrecken, er ging auf da Ponte los und sagte mit einem Lausbubenlächeln:

»Weiß er net, Herr Poet, was unsere Majestät Kaiser Joseph einmal gesagt hat? Drei Dinge, hat er gesagt, kann ein Mensch ganz gut gleichzeitig bewältigen. Wir haben einen fleißigen Kaiser – warum sollen wir weniger fleißig sein!«

Da Ponte tat so, als habe er nicht im entferntesten an die Möglichkeit gedacht, daß man drei Opern gleichzeitig schreiben könne. Er zog seinen Raubvogelkopf zwischen die Schultern und machte ein pfiffiges Gesicht, indem er ein Auge zuzwickte und blinzelte. Dann rieb er mit dem Zeigefinger heftig die große gebogene Nase und sagte leise, als sollte es noch ein Geheimnis bleiben:

»Ecco. Es könnt' einmal sein eine spanische Stoff – wenn ich hätte Zeit...«

»Aha«, sagte Mozart, »Er weiß also etwas! Jetzt aber heraus damit – Potz Himmeltausend Teufel und kein End'!« Da Pontes Zeigefinger wackelte jetzt drohend hin und her, und Mozart meinte lächelnd: »Ich hoff' nicht, daß dies als Fluchen gilt, sonst muß ich's halt gleich beichten – aber Sie sind schuld, wenn Sie mich so auf die Folter spannen...«

Da endlich kam es heraus: Don Giovanni! Ein Stoff, der Hunderte oder gar Tausende von Jahren alt war! Mozart war enttäuscht:

»Don Juan! Hat nicht grad erst in diesem Winter Gazzaniga eine Oper daraus g'macht, die in Venedig mit viel Erfolg aufg'führt worden ist?«

»Si, si, Maestro – der Text war von Bertati. Guter Text, guter Musik ... aber schad' nix. Gazzaniga kein Mozart, Bertati kein Lorenzo da Ponte – wir sein besser!«

Mozart wußte nicht, ob er weinen oder lachen sollte bei dieser Eröffnung, aber sein Dichter redete weiter:

»Gazzaniga und Bertati waren auch nicht die ersten mit Don Juan. Der Mönch Tirso di Molina in Spanien hat ihn geschrieben im 17. Jahrhundert und viele nach ihm!«

»Molière!« seufzte Mozart.

»Goldoni, Righini!« ergänzte da Ponte.

»Glucks Don-Juan-Ballett!« fiel Mozart ein, aber da Ponte lachte nur:

»Ein unerschöpfliches Thema, jeder es nützt auf seine Art – warum nicht auch wir, warum nicht? Eh, Maestro? Niemand wird es so gemacht haben, wie wir es machen!« Da Ponte setzte sich auf den Billardtisch und griff sich einen der langen Stöcke zum Gestikulieren:

»Don Giovanni«, begann er mit unheimlicher Stimme, als sage er Mozart nun etwas Neues, »reich von Geburt, schön von Gestalt, schlank und elastisch wie eine ... wie eine Gerte – wer ihn spielt, muß sein fast eine Tänzer. Ja. Don Giovanni, ein leichtsinniger Gaukler von unwiderstehliche Charme, verbirgt hinter seiner liebenswürdigen Maske eine kalte Herz, das Herz des rücksichtslosen Eroberers – eines ruhelosen Menschen, der alles in der Welt muß haben und es dann zerstört und verachtet. Don Giovanni, der nimmersatte Genießer, der in schrankenloser Selbstsucht Gott und das Leben lästert und zugrunde gehen muß, als er wird zum Mörder und auch den Toten noch lästert und herausfordert, Don Giovanni spielt mit den letzten und höchsten Dingen, bis ihn holt der Tod und der Teufel ... ganz plötzlich, inmitten des Nachtmahls, zu dem er freventlich hat geladen das steinerne Standbild des Ermordeten ... er stirbt auf dem ... auf dem Höhepunkt von seine sprühende, männliche Dasein, er, der verschwenderisch ausgestattet war mit alle Vorzüge der Natur und des Reichtums...«

Da Ponte machte eine Pause, als er sah, daß seine Worte, sein faszinierender Vortrag auf Mozart Eindruck machten. Dann sprach er weiter:

»Dazu die Frauen – ganz antike Tragödie; der ermordete Komtur – massive Männerrolle für Baß, ein ruhig vornehme Adelstyp als Rächer...«

Jetzt aber sprang Mozart auf:

»... und nicht zu vergessen Leporello, den feigen, lustiglistigen Diener, wie ihn Molière dargestellt hat, dem muß das Maulwerk nur so übergehen von Geschwätzigkeit! Und dann muß auch noch ein derbes, gesundes Pärchen da sein als Gegengewicht gegen das tragisch Verworrene, gegen das dämonisch Dunkle der Hauptdarsteller!«

Da streckte da Ponte beide Hände aus und legte sie auf Mozarts Schultern:

»Ich sehen, wir sind einig.«

»Ja, aber...« meinte Mozart verschmitzt, »bloß schad', daß nix draus werden kann – weil Lorenzo da Ponte ja keine Zeit zum Schreiben hat.«

Da mußten sie beide lachen, und bald danach gingen sie auch schon an die Arbeit.

Das einzige, was den Fortschritt der Oper hinderte, war die traurige Botschaft vom plötzlichen Tode des jungen Grafen Hatzfeld, der ein besonders guter Freund Wolfgangs gewesen war, und kurz darauf die Nachricht von Schwester Nannerl aus Salzburg, daß Vater Leopold ernstlich krank sei.

Wenn Wolfgang nicht eben selbst von einer ziemlich schweren Krankheit aufgestanden wäre, hätte er sich sofort auf die Reise gemacht, aber sein tüchtiger Arzt und Jugendfreund, Dr. Barisani, erlaubte ihm bei dem unsicheren Aprilwetter keine solch leichtsinnige Fahrt. So schrieb Wolfgang seinem Vater nur einen tröstlichen Brief voll Sohnesliebe, das einzige, was er jetzt für ihn tun konnte:

Mon très cher Père! —
Diesen Augenblick höre ich eine Nachricht, die mich sehr niederschlägt — um so mehr, als ich aus Ihrem Letzten vermuten konnte, daß Sie sich Gott Lob recht wohl befinden. — Nun höre ich aber, daß Sie wirklich krank seien! — Wie sehnlich ich einer tröstenden Nachricht von Ihnen selbst entgegen sehe, brauche ich Ihnen doch wohl nicht zu sagen. — Und ich hoffe es auch gewiß — obwohl ich es mir zur Gewohnheit gemacht habe, mir immer in allen Dingen das Schlimmste vorzustellen. — Da der Tod (genau zu nehmen) der wahre Endzweck unseres Lebens ist, so habe ich mich seit ein paar Jahren mit diesem wahren, besten Freunde des Menschen so bekannt gemacht, daß sein Bild alleine nichts Schreckendes mehr für mich hat, sondern recht viel Beruhigendes und Tröstendes! — Und ich danke meinem Gott, daß er mir das Glück gegönnt hat, mir die Gelegenheit (Sie verstehen mich) zu verschaffen, ihn als den Schlüssel zu unser wahren Glückseligkeit kennen zu lernen. — Ich lege mich nie zu Bette, ohne zu bedenken, daß ich vielleicht (so jung als ich bin) den andern Tag nicht mehr sein werde. — Und es wird doch kein Mensch von allen die mich kennen, sagen können, daß ich im Umgange mürrisch oder traurig wäre. — Und für diese Glückseligkeit danke ich alle Tage meinem Schöpfer, und wünsche sie von Herzen jedem meiner Mitmenschen.
Ich habe Ihnen in dem Briefe (so Storace eingepackt hat) schon über diesen Punkt (bei Gelegenheit des traurigen Todesfalles meines liebsten Freundes Grafen von Hatzfeld) meine Denkungsart erkläret. — Er war eben 31 Jahre alt, wie ich — ich bedaure ihn nicht — aber wohl herzlich mich und alle die, welche ihn so gut kannten, wie ich. — Ich hoffe und wünsche, daß Sie sich während ich dieses schreibe besser befinden werden. Sollten Sie aber wider alles Vermuten nicht besser sein, so bitte ich Sie mir es nicht zu verhehlen, sondern mir die reine Wahrheit zu schreiben oder schreiben zu lassen, damit ich so geschwind als es Menschen möglich ist, in Ihren Armen sein kann. Ich beschwöre Sie bei allem was — uns heilig ist. Doch hoffe ich bald einen

trostreichen Brief von Ihnen zu erhalten, und in dieser
angenehmen Hoffnung küsse ich Ihnen samt meinem
Weibe und dem Carl 1000mal die Hände, und bin ewig
Ihr gehorsamster Sohn
W. A. Mozart

Es war das Letzte, was Vater Leopold von seinem Sohn
vernahm. Er schloß die Augen, bevor sie sich noch einmal
sehen konnten, am 28. Mai 1787.

Der Verlust der beiden geliebten Menschen lastete schwer
auf Mozart. Er mußte sich anfangs mühsam zur Arbeit
zwingen, aber sie wurde zum Trost, und vieles von den
tiefen Gedanken um Diesseits und Jenseits strömte in seine
Musik zu ›Don Giovanni‹. Auch Lieder entstanden, wunderbar stimmungsvolle wie die ›Abendempfindung‹, und sogar übermütige Stücke wie der ›Musikalische Spaß‹. Für
Franziska Jacquin schrieb er die C-Dur-Klaviersonate zu
vier Händen.

Im Sommer gaben Mozarts die teure Wohnung in der
Schulergassen auf, um jenseits der Bastei mehr in die Nähe
von Jacquins zu ziehen. Mozart hatte in dieser Fastenzeit
keine Konzerte veranstaltet, das gab ihm zwar Ruhe für
sein Opernschaffen, aber es war doch ein fühlbarer Ver-
dienstausfall. Vom Stundengeben konnte man schlecht leben, so mußte man sparen, bis das Geld für die Oper hereinkam.

Es hatte aber noch andere Gründe, weshalb die Mozarts
diesen Sommer ins Ländliche hinauszogen. Man erwartete
zum Winter einen neuen Sprößling, vielleicht eine Schwester für den dreijährigen Carl, der einen lebhaften Drang
ins Freie entwickelte. Niemand hatte Zeit, mit ihm spa-
zierenzugehen. Dort in der Landstraße war hinter dem
Haus ein schöner großer Garten, wo er spielen konnte. Auf
die Straße hinaus durfte er allerdings nicht, die war weniger erfreulich – eine richtige Landstraße eben. Da floß an
den Häusern entlang ein übelriechender Abwasserbach,
über den kleine Stege zu den einzelnen Haustoren führten.
An bestimmten Wochentagen mußten am frühen Morgen

alle Bewohner die Straße meiden, denn da wurden riesige Ochsenherden von Ungarn her in die Schlachthäuser der Stadt getrieben, und über der ganzen Gegend hing eine dichte Staubwolke.

Aber die übrige Zeit war eben doch hier draußen gute Luft und Sonnenschein. Sie taten auch Wolfgang gut, hatte er doch die längste Zeit seines Lebens immer in geschlossenen Räumen verbracht, und einmal verlangt auch die Natur ihr Recht. Jetzt sah man Meister Mozart hin und wieder in seinem Blumengärtchen sitzen und dem Buben zuschauen, wie er sich eine Burg aus Steinen baute und Wege in den Sand kratzte für seine hölzernen Pferdchen und Wagen. Wolfgang hatte nicht den Ehrgeiz, aus seinem Sohn einen Wunderknaben zu machen, und ließ ihn Kind sein. Abends, wenn der Kleine im Bett lag, saßen seine Eltern nach dem Essen noch draußen unter dem großen Hollerbusch; dann überkam den Rastlosen für wenige Augenblicke die Gnade einer köstlichen Ruhe. Er hielt Konstanze ganz fest im Arm, und beide schauten still zu, wie der Himmel sich allmählich verfärbte, wie aus dem silbrigen Dämmerglanz samtene Dunkelheit wurde, aus der schon vereinzelt die Sterne blitzten.

»Ob's ein Mäderl wird?« fragte Wolfgang. »Natürlich«, behauptete Konstanze, »diesmal sicher!«

»Ich freu' mich, Stanzi«, sagte Wolfgang zart und küßte seine Frau auf das lockige Haar, wie ihr Kopf so an seiner Schulter lag, »es wird ausschaun wie du – Weiberl – Spitzmaus – Bagatellerl, du liebs – weißt, wenn du mich nur halb so lieb hast wie ich dich, dann will ich schon zufrieden sein...«

Und als Konstanze schon längst im tiefen Schlummer lag, da schrieb ihr Amadé noch an einem neuen Musikstück. Das hatte rein gar nichts mit dem ›Don Giovanni‹ zu tun, es war ein inniges und sternenglitzerndes Stück: Eine kleine Nachtmusik.

Der Schrei der Zerline

Schwer hingen die goldenen Köpfe der Sonnenblumen über den Gartenzaun, zwischen den kerzengeraden, fleißig blühenden Stockrosen. Herbstastern leuchteten in allen Farben, und die letzten Gladiolen standen wie lodernde Flammen dazwischen. Ab und zu plumpste eine reife Birne ins Gras und lockte die Wespen an. In den Ästen des alten Hollerbaums schwätzten die Stare und naschten süße schwarze Beeren.

»Was schwätzen sie?« wollte der kleine Carl wissen.

»Sie loben das gute Essen«, erklärte Vater Wolfgang.

»Und was noch? Sie schwätzen so viel.«

»Dann müssen sie ausmachen, wann sie wieder in den Süden fliegen. Sie dürfen nicht zu lange warten. Wenn es nachts zu frieren anfängt, dann müssen sie fort sein aus unserm kalten Land, dann gibt es hier bald nichts mehr, was sie ernähren könnt' – keine Beeren, keine Würmer, keine Käfer und keine Schnecken. Drum fliegen sie in wärmere Länder, nach Italien und noch weiter.«

Carl dachte nach: »Und unser Starl, ist er nicht traurig, wenn er nicht mitfliegen kann?«

»Ich glaub's kaum, er hat's nicht nötig – wir füttern ihn ja, vielleicht weiß er auch, daß er nicht recht fliegen kann.«

»Aber er hockt doch seit ein paar Täg' so dasig umeinander und pfeift gar nimmer so lustig wie sonst«, sagte der kleine Carl.

»Vielleicht ist er krank. Wir woll'n einmal nachschaun«, meinte der Vater, und mitsammen gingen sie hinein in die Küche und schauten in den Vogelkäfig. Tatsächlich sah der Vogel nicht so munter aus wie sonst, antwortete nicht auf Mozarts Pfeifen, legte bloß das Köpfchen schief und horchte. Der kleine Carl hatte richtig beobachtet: Der Vogel war krank. Es half alles nichts. Nach einigen Tagen lag er tot und starr am Boden. Carl weinte herzzerbrechend, als der Vater den kleinen gefiederten Freund in den Garten trug und ihm ein richtiges Grab schaufelte. Mozart war selber ehrlich traurig, denn er hatte soviel Spaß an dem Tierchen gehabt. Er schrieb ihm einen kleinen Nachruf:

Hier ruht ein kleiner Narr,
Mein Vogel Star.
Noch in den besten Jahren
Mußt er erfahren
Des Todes bittren Schmerz.
Mir blutet's Herz.
Wenn ich daran denke.
O Leser, schenke
Auch Du ein Tränchen ihm,
Er war nicht schlimm.
Nur war er etwas munter,
Doch auch mitunter
Ein lieber, loser Schalk.
Ich wette, er ist schon oben,
Um mich zu loben.
Denn wie er unvermutet
Sich hat verblutet,
Dacht er nicht an den Mann,
Der so schön reimen kann!

Dann kam der Tag, an dem Konstanze die Koffer packen mußte, für Prag. Die Partitur des ›Don Giovanni‹ war größtenteils fertig, und Bondini schrieb immer aufgeregter, wo Mozart denn bliebe; es war schließlich keine Kleinigkeit, solch ein Stück einzustudieren. Bis zum Eintreffen des fürstlichen Paares Prinz Anton von Sachsen und Kaiser Josephs Schwester Erzherzogin Maria Theresia, die auf ihrer Hochzeitsreise durch Prag kommen sollten, mußte alles fix und fertig sein!

Die Reise war gut vorbereitet. Der kleine Carl kam nach Perchtoldsdorf in gute Pflege, und in Prag hatte Theaterdirektor Bondini bereits im Gasthof »Zu den Drei Löwen« Quartier für das Ehepaar Mozart gemacht, damit sie auch eine Stadtwohnung hätten, die dem Theater nah gelegen war, denn die Bertramka der Duscheks lag weit draußen auf dem Lande. Vor drei Jahren hatte das Künstlerpaar das alte Weingut gekauft, das nach der letzten Eigentümerin Bertramka genannt wurde. Hier war ein beliebter Treffpunkt aller Musikfreunde Prags, und es war selbstverständlich, daß zwei der schönsten Zimmer des Hauses auf Wolfgang und Konstanze warteten. »So haben wir eine Stadtwohnung und eine Landwohnung wie die ganz vornehmen Leut'«, sagte Wolfgang glücklich und zufrieden, als er mit Konstanze durch die böhmischen Wälder fuhr. »Ich bin ganz narrisch g'spannt, ob's diesmal wieder so lustig wird«, meinte Konstanze in wohliger Erinnerung.

»Mancher tät g'wiß gern mit uns fahren...«

»Zum Beispiel der junge Mann von neulich, der dir vorg'spielt hat – an den muß ich oft denken«, sagte Konstanze, »eigentlich war er fast unheimlich, so ernst und so dunkel, und was er g'spielt hat – ich hab's nicht verstanden; war's nicht ein bissel wild?«

»Du meinst den Sechzehnjährigen aus Bonn, den der Kurfürst Maximilian g'schickt hat? Ja, Stanzi – der wär' sicher gern mitg'fahrn, er wollt' doch was lernen und was sehen von der Welt. Beethoven hat er geheißen. Ich hätt' ihm gern Stunden gegeben, aber er hat wieder heim müssen nach Bonn, seine Mutter war krank. Aber der setzt sich schon durch, er ist ja talentiert und weiß genau, was er will.«

»Und du, Amadé«, fragte Konstanze plötzlich leise, »weißt du eigentlich auch so genau, was du willst?«

»Ganz genau, Stanzi. Dich will ich und meine Musik.«

Als die beiden am vierten Tag ihrer Reise gegen Mittag in Prag eintrafen und ihr Gepäck beim Wirt »Zu den Drei Löwen« abgestellt war, da schien ihnen die Stadt schon so vertraut und geliebt, daß sie in ihren Straßen herumgingen, als seien sie dort zu Hause. Heute wollten sie noch unerkannt die Ankunft genießen und von den holprigen Stößen der Wagenfahrt ausruhen. Um den Obstmarkt und das daran gelegene Theater machten sie einen großen Bo-

gen. Wolfgang hatte noch unterwegs in der schaukelnden Kutsche und in den Gasthäusern, wo sie übernachteten, an seiner Partitur geschrieben. Es war schon ein Wunder, daß er das Textbuch fertig mit nach Prag gebracht hatte, daß da Ponte nicht versagt hatte; jetzt fehlte aber noch gut die Hälfte der Musik. Das brauchte aber der Theaterdirektor, der Bondini, noch nicht zu wissen. Mozart war auch nicht angst darum, denn in seinem Kopf war sie fertig, bloß zu Papier mußte sie noch gebracht werden, aber nicht heute, nicht am ersten Tag im goldenen Prag!

Arm in Arm schlenderten die Mozarts durch die wunderbare alte Stadt. So in Ruhe hatten sie damals vor einem Jahr nicht alles angeschaut, war es doch kalter Winter gewesen, hatte man doch nie Zeit gehabt. Jetzt konnte man überall stehenbleiben und schaun, wo es und was einem gefiel. Manches war heimatlich wie in Salzburg, der steil aufragende Burgberg zum Beispiel, der rasch dahinströmende Moldaufluß. Ein andermal glaubte man in Venedig zu sein, wenn zwischen hohen Häusern flache Kähne auf dem Kanal fuhren. Anderes erinnerte an Rom und Florenz: die prächtigen Fassaden der Kirchen und Paläste, die Arkadenhöfe und Brunnen und die üppig grünenden, weitläufigen Gärten der Fürsten und Klöster, die an den Ufern der Moldau in Terrassen hinaufführten bis zu den mächtigen Mauern des Hradschin. Weithin das Stadtbild beherrschend, ragt aus diesem massiven Block die Silhouette des Veitsdoms wie ein wildgezackter Fels. Deutsche Kaiser und böhmische Könige, die Gebeine des heiligen Wenzel und des Johannes von Nepomuk ruhen in seinen Gewölben.

Wolfgang und Konstanze waren langsam über die mächtige, figurengeschmückte Karlsbrücke hinübergegangen und durch die Tortürme zur »Kleinseite« und allmählich über Stiegen und Treppchen hinauf zum Laurenziberg, der einen freien Blick über all die Herrlichkeiten bot.

Nachts im Traum, in dem breiten Bett im Gasthaus »Zu den Drei Löwen« vermischten sich die Bilder der geschauten Pracht mit den Bildern und Melodien einer ebenso glanzvollen Oper. Mächtig und voll rauschender Lebenskraft wie der Moldaufluß sollte die Musik dahinströmen, aber man müßte aus der Gewalt dieses wilden Lebens auch das Grauen der Zerstörung und des Todes ahnen. Und an den Ufern müßte alles zu finden sein: vornehmer Reichtum und menschlicher Wahn, Grausamkeit, kleinliche Angst, Geschwätzigkeit, Neugier und derber Spaß…

Kaum ein paar Stunden hatte Mozart geschlafen, als er bereits wieder aus den Kissen hochfuhr, nach Kerze, Papier und Feder griff. Ach, er konnte unmöglich so schnell schreiben, wie ihn die musikalischen Gedanken bedrängten. Im tiefsten Traume hatte er ihn singen hören – Luigi Bassi, den blutjungen, gertenschlanken Italiener, der damals den Grafen Almaviva im ›Figaro‹ gesungen hatte. Keinen Besseren gab's für die Rolle des Don Giovanni. Für Bassi, für seine Stimme, sein feuriges Temperament schrieb Mozart Arien, sprühend wie Fontänen, dramatische Akzente wie Keulenschläge, Melodien wie gleißendes Silber – für seine elastische Gestalt schrieb er das Duell, dessen scharfe Degen in Mozarts Musik weiterklirren durch alle Zeiten. Nicht umsonst hatte Mozart als Knabe die geschmeidige Kunst des Fechtens gelernt.

Als Konstanze erwachte, saß ihr Amadé immer noch aufrecht im Bett und schrieb. Sie stand auf und öffnete das Fenster. Kaum aber hatte sie hinausgeschaut über die Gasse, da stieß sie einen kleinen, komisch entsetzten Schrei aus und riß die Vorhänge wieder zu, denn sie war nur mit einem Nachthemd bekleidet.

»Weißt, wer da drüben zum Greifen nah zu unserm Fenster herüberlinst?«

»Der Leibhaftige wahrscheinlich, weilst gar so schreist.« Wolfgang lachte und kletterte nun selber aus dem Bett, um hinüberzuschauen auf die andere Seite der engen Gasse.

»Jessas, der Herr Poet, der Herr Abate Lorenzo da Ponte persönlich! Auf Sie haben wir erst die nächste Woch' gezählt, aber Sie kommen grad recht. Können S' gleich am Fenster hören, was mir über Nacht eing'fallen is, derweil Sie g'schnarcht haben da drüben im Gasthaus Platteis.«

Das mit dem Schnarchen des da Ponte stimmte nicht ganz, denn er war mit der Eilpost erst nach Mitternacht in Prag eingetroffen, und daß Mozart im Lande war, ließ sich auch nicht länger verheimlichen. Der Wirt hatte auf Bondinis Anordnung gleich ein Klavier in das Zimmer stellen müssen, und nun hallten durch die enge Gasse Klänge aus ›Don Giovanni‹. Der Löwenwirt, der einen dicken Bauch und eine schmalzige Stimme hatte, durfte Leporellos Registerarie lernen, was ihm sichtlich Spaß machte. Mozart und Konstanze stritten und schmeichelten in Zerline-Masetto-Duetten; Lorenzo brummte den Baß des ermordeten Komturs, des Steinernen Gastes, und der Hausknecht markierte den Don Giovanni, bis sich die Leute auf der Gasse stauten.

Es folgten Tage fieberhafter Arbeit im Theaterorchester. Die Einstudierung eines solchen Stückes verlangt das Äußerste von allen Beteiligten. Und wieder zeigte sich Mozart als der geborene Dramatiker. Wie er diese gewaltige Tragödie bis in die kleinste Rolle hinein durchdacht und auf dramatisch spannende Wirkung hin ausgearbeitet hatte, war das Werk eines Meisters.

Zum Glück hatte Mozart es mit lauter hervorragenden Künstlern zu tun, und alle erlebten mit Begeisterung die Vollendung dieser Oper mit.

Das gab dem Komponisten die beste Anregung für das, was noch zu schaffen oder zu ändern war. Gern erfüllte er begreifliche Wünsche, schrieb noch eine wirkungsvolle Arie für Luigi Bassi und fügte der Rolle des Leporello noch ein paar spaßhafte musikalische Einfälle hinzu.

Mozart war unermüdlich bei der Arbeit, immer gab es noch etwas zu verbessern. Zerlines Schrei, als sie Don Giovanni entflieht, klang immer noch nicht echt genug! Bondinis Frau Katharina war eine hervorragende, temperamentvolle Schauspielerin, und sie spielte die Zerline gut, aber den Schrei, den bekam sie einfach nicht so heraus, wie er Mozart vorschwebte. Da schlich er sich heimlich hinter die Kulissen, und als ihr Einsatz kam, wo sie aufzuschreien hatte, da kniff er sie unversehens so, daß der Schrei, den sie nun hören ließ, bemerkenswert natürlich war.

»So ist's recht!« meinte Mozart ungerührt, und die Probe konnte weitergehen.

In der Bertramka

Am dritten Abend wartete nach der Probe vor dem Theater neben Bondinis Wagen, der Mozart sonst heim zu den »Drei Löwen« oder in den berühmten Weinkeller des Tempelgäßchens brachte, eine Kutsche, und davor stand wie eine rächende Göttin Josefa Duschek.

»Treuloser!« rief sie mit ihrer weittragenden Bühnenstimme, daß es über den menschenleeren nächtlichen Platz schallte, und dann stopfte sie das lachend widerstrebende Ehepaar Mozart in ihren Wagen, ließ aus den »Drei Löwen« die notwendigen Sachen abholen, und los ging's über die Karlsbrücke in Richtung Bertramka.

»Meine ›Entführung‹…!« sagte Josefa und ließ sich von Wolfgang die Hand küssen.

»Ich hab' doch nicht wegkönnen!« jammerte er, »der Windhund von da Ponte hat grad nur eine Woche Zeit, dann muß er schon wieder in Wien sein für seine nächste Oper.«

»Jeden Tag haben wir zu euch 'nausfahren wollen«, bestätigte Konstanze.

»Morgen wären wir bestimmt gekommen.«

»Aber so ist mir das sicherer«, meinte die Gastgeberin, »schließlich möcht unsereins ja auch noch was von der G'schicht haben, und morgen ist Sonntag, da müssen die Schauspieler und Musiker auch einmal ausrasten, und so hab' ich euch Scheusäler gleich in der Früh bei mir draußen. Da wird in der Loggia gefrühstückt – nicht zu früh natürlich, mit Genuß und viel Kaffee, versteht sich.«

Als die helle Morgensonne gelbe Streifen auf die grün-rosa geblümte Seidentapete des Gastzimmers malte, wachten die Mozarts auf, schlüpften in die Pantoffeln und liefen zum Fenster, um festzustellen, wie es hier überhaupt in dieser Jahreszeit aussah. Oh, dieser Blick über einen Teil des Gartens bis weit über die sanften Hügel, wo gerade noch ein Zipfel von Prag, der Stadtmauer und der schimmernden Moldau zu sehen war!

»G'schwind, Amadé – ich glaub', ich riech' ihn schon, den Kaffee. Wir können doch die schöne Seffi nicht warten lassen!« rief Konstanze.

Es wurde ein Feiertag, einer, den man rot ankreuzelt im Kalender. Es wurden lauter Feiertage, rot angekreuzelte, da draußen in der Bertramka. Wenn man auch zwischendurch wieder in den »Drei Löwen« nächtigen mußte, weil die Probe gar zu lange gedauert oder weil es im Tempelgäßchen bei einem guten Tropfen wieder etwas zu feiern gegeben hatte. Wenn auch – manchmal machte sich Mozart noch zu mitternächtlicher Stunde zu Fuß auf den Weg in die Bertramka. Dann weckte er wohl auch den alten Kaffeesieder im Sachsenhause bei der alten Karlsbrücke aus dem Schlaf, daß er ihm noch eines seiner Zaubertränklein braue, die Tote wieder lebendig machen und abgearbeitete Komponisten auf die Beine bringen können. Seit seiner schweren Krankheit im Frühjahr war Wolfgang oft nicht zufrieden mit sich selber. Er war einfach nicht mehr wie früher, litt an Kopfschmerzen und Schwindel. Darüber half immer am besten ein starker Kaffee hinweg, und der weite Weg zur Bertramka hinaus, die frische Luft taten ihm gut. Er schritt tüchtig aus, vorbei an dem prächtigen Besitztum des Grafen Bouquoi, dessen Park sich bis zur Moldau hinunterzog. Bald bog der Weg rechts in die Kastanienallee ein, die sanft ansteigend in eine grüne Hügelwelt führte und vor dem einstöckigen Herrenhaus der Duscheks zu Ende war. Von dieser Straßenseite aus konnte man nicht ahnen, welch zauberhaftes Paradies sich hinter der Gartenmauer und dem Hügel weiter hinauf erstreckte. Ja, hier ist's ein leichtes, sich etwas Schönes einfallen zu lassen, dachte Mozart, als er leise das Gartenpförtchen aufschloß und sich ins Haus schlich. Nur auf die Terrasse wollte er noch einen Augenblick hinaustreten, wo zwischen Blumenrabatten im Mondlicht der silbrige Strahl eines kleinen Springbrunnens perlte. Das gab eine unsagbar feine, beruhigende Melodie, die Mozart wohltat, der den ganzen Abend die aufpeitschende Musik der Friedhofszene einstudiert hatte. Ganz allein stand er da in der Stille der Nacht. Im Hause schliefen wohl alle? Er drehte sich um, Kerzenlicht schimmerte aus dem Musiksalon. Am Flügel saß Josefa. Hatte sie auf ihn gewartet? Jedenfalls hatte sie seine Schritte gehört und ihr Spiel unterbrochen. Kein Wort sprach sie und drehte sich auch nicht um, als er sachte hereinkam. Ganz selbstverständlich zog Wolfgang einen gepolsterten Hocker heran und setzte sich neben Josefa an den Flügel. Dann spielten sie vierhändig. Und es war Haydn. Als die Sonate beendet war, legte Josefa ihre Hand auf Mozarts Schulter und sagte leise: »Geh jetzt hinauf, die Stanzi kann sonst nicht schlafen.«

»Meinst, sie hört uns?« fragte Mozart.

»Kaum, aber sie spürt, daß du da bist, Frauen spüren alles mögliche…«

Josefa stand auf. »Gute Nacht, Wolferl!« hörte er sie sagen, gerade daß er ihr noch die Hände küssen konnte, dann war sie in ihrem Zimmer verschwunden.

Der Morgen fand das Haus Duschek bereits wieder in eifrigen Don-Giovanni-Gesprächen. »Ich kann mir einfach nicht vorstellen, wie Donna Anna plötzlich doch erkennt, wer der Mörder ihres Vaters ist…« sagte die Seffi.

»Sie spürt's halt… Frauen spüren alles mögliche…« erklärte Wolfgang und schaute Josefa spitzbübisch an. »Paß auf, hier hab' ich die Rolle – wir spielen die Szene einmal durch. Zwar bin ich kein Orchester, aber mit Klaviermusik wird's auch klarwerden.«

Dann sangen die Ehepaare Duschek und Mozart das Quartett, bei dem Elvira zum ersten Mal Don Ottavio und Donna Anna begegnet, als Don Giovanni heuchlerisch

den beiden Hilfe verspricht. Und Josefa sang am Schluß
die Arie der Donna Anna:

> *Du kennst nun den Frevler,*
> *Der Schande mir drohte,*
> *Mit mördrischem Stahle*
> *Den Vater mir raubte...*

Da wußte jeder, daß ihre Zweifel behoben waren, und
lächelnd fügte Franz Duschek noch seine Ottavio-Arie
hinzu:

> *Nur ihrem Frieden weih' ich mein Leben.*
> *Nur ihre Freude kann Ruh' mir geben...*

Franz Duschek war kein Sänger, aber ein ausgezeichneter
Pianist und Klavierpädagoge, ein Musiker durch und
durch, und die Rolle des vornehmen, ruhigen Ottavio
paßte gut zu ihm. Er kannte das Leben aber auch von der
anderen, düsteren Seite. Sein Vater war noch leibeigener
Bauer beim Grafen Sporck gewesen. Dieser hatte den mu-
sikbegabten Franz ausbilden lassen. Er zeigte sich des
Glücks auch würdig und stand seit langem an erster Stelle
des Prager Musiklebens neben seiner jungen, lebensprühen-
den Frau. Ein ungleiches Paar, aber ihre Kunst hielt sie
zusammen, und da sie keine Kinder hatten, waren alle
Gäste jahrein, jahraus ihre Kinder und wurden verwöhnt.
Weil aber natürlich viel Besuch da war, der auch viel
Wirbel machte, hatte die Seffi ihrem Mozart noch einen
Arbeitsplatz eingerichtet, der ganz abseits lag und ungestört war. Dorthin wanderte er oftmals schon in aller
Frühe, wenn im Hause noch alles schlief. Es war ein richtiger Morgenspaziergang, der hinter dem Küchengarten,
den Stallungen und Wirtschaftsgebäuden begann und unter den Obstbäumen immer weiter hinaufführte, bis auf
den höchsten Punkt der Umgebung und des Anwesens,
dort stand mitten in dem jetzt abgeernteten Ackerland ein
steinerner Pavillon.

Dorthin hatte Josefa ein Spinett schaffen lassen, ein Schreibpult, ein Ruhebett und ein Notenschränkchen. Zu beiden Seiten des kleinen Gebäudes standen Sitzbänke, von denen man rundum ins Land schauen konnte. Auf einer dieser Bänke rastete man immer erst, ehe man das Häuschen aufsperrte. Über Friedhof, Weinberge, Felder und Wälder schweifte der Blick, und drüben sah man die Stadtmauer, die Moldau mit der Karlsbrücke und aus dem Dächergewirr die unzähligen Giebel, Türme und Kuppeln der Stadt Prag. All die vergoldeten Kreuze und Knäufe, Wetterfahnen und Kirchturmhähne blitzten und funkelten in der Morgensonne; aus den Kaminen stieg blauer Holzfeuerrauch, die Hausfrauen waren am Kaffeekochen.

Nun, Mozart wollte sich seinen Frühstückskaffee erst einmal verdienen! Er schrieb und schrieb, änderte und baute um. Vielleicht hätte er sogar den Termin eingehalten, aber da ergaben sich immer neue Schwierigkeiten. Eine Sängerin nach der anderen wurde krank, und als das fürstliche Hochzeitspaar, zu dessen Empfang man die neue Oper aufführen wollte, in Prag eintraf, da mußte man froh sein, daß ihnen der ›Figaro‹ noch unbekannt war und daß der

Mozart da war, um ihn zu dirigieren. Die Ehre der Stadt Prag war gerettet, und Mozart hatte noch einmal eine Galgenfrist.

Eines Tages aber riß dem dicken Theaterdirektor Bondini die Geduld – er wollte einmal in der Bertramka nach dem Rechten sehen. Damit die Sache mehr Nachdruck hatte, packte er seine Chaise voller Theaterleute: den Kapellmeister Strohbach; den Ponciani, der den Leporello spielte; Katharina Micelli, die Elvira; Therese Saporiti, die Donna Anna; selbstverständlich auch seine eigene Frau, die Zerline, und als Hauptperson Luigi Bassi, den Don Giovanni. Das ganze Solistenensemble entquoll nun der Kutsche und schwärmte in Duscheks Garten aus, um Mozart zu suchen.

Schadenfroh ließ die Gutsherrin alle in falsche Richtungen laufen. Sie stand mit Konstanze in der Loggia, die in Arkaden die ganze Hausfront einnahm und von der aus eine Doppeltreppe in den Garten führte. Die beiden Frauen wußten genau, wo Mozart steckte. In der zweiten Hälfte des Gartens, wo sich unter schattigen Kastanien eine Kegelbahn befand, stand ein alter, kreisrunder Brunnen, der, weil er nicht mehr benutzt wurde, mit Holzbrettern zugedeckt war. Ihn hatte sich Mozart als Arbeitsplatz ausgesucht für die heißen Nachmittagsstunden, wenn er den Bergweg zum Pavillon hinauf scheute. Hier auf dem breiten, steinernen Rand hatte er seine Notenblätter ausgebreitet, hier stiegen aus dem unerschöpflichen Brunnen seiner Phantasie die besten Einfälle herauf, und es störte ihn nicht, wenn die Kegelbahn benutzt wurde und der rollende Lärm samt hellem Gelächter zu ihm drang. Manchmal schob er mitten im Schreiben auch eine Partie und arbeitete dann vergnügt weiter.

Hier fand man ihn schließlich auch heute, emsig schreibend. Aber bei näherer Besichtigung schrieb er nicht etwa am ›Don Giovanni‹, sondern, als wäre es so gar nicht eilig, an einer Konzertarie, die er seiner Gastgeberin Josefa als Abschiedsgeschenk überreichen wollte.

»Das ist ja empörend!« jammerte Direktor Bondini herzzerreißend; der Kapellmeister raufte sich die Haare, Donna Anna täuschte eine Ohnmacht vor, nur der Hauptdarsteller Bassi lachte sein berühmtes schallendes Jungenlachen, das er später in seiner Rolle so gut gebrauchen konnte.

»Mozart, wo ist die Ouvertüre?« fragte Bondini mit bebender Stimme. Jetzt war es Wolfgang, der schallend lachte: »Die Ouvertüre? Warum pressiert's denn so? Noch gar net ang'fangen hab' ich die.«

Nun bildeten sie alle einen Kreis um Mozart und schrien im Sprechchor: »Die Ouvertüre! Die Ouvertüre!«, daß man es bis zum Hause hörte, und Konstanze und Josefa kamen, um ihren Wolfgang vor der Volkswut zu schützen.

»Mann, in zwei Tagen ist die Aufführung«, zeterte der Theatergewaltige, »schließlich kann man eine Ouvertüre nicht ohne Probe spielen, das wissen S' doch!«

»Weiß i«, sagte freundlich der Komponist, »bestellen S' halt die Kopisten für morgen früh um 7 Uhr zu mir in die Bertramka, dann ist die Ouvertüre fertig.«

Als Bondini mit seiner reichbesetzten Chaise spät am Abend abgefahren war, nahm Konstanze ihren Mann fest am Ärmel und zog ihn ins Zimmer. Er setzte sich dann auch brav an den Schreibtisch, holte Notenpapier aus der Schublade und tat so, als ob er anfinge.

»Müd' bin i...« sagte er nach einer Weile und gähnte. »Nix da«, schimpfte Konstanze, »der Bondini braucht die Ouvertür', und du hast sie versprochen!«

»Einen Punsch, wenn ich hätt...!« ließ sich Mozart wieder vernehmen.

»Ging's dann leichter?« fragte Konstanze.

»Viel leichter«, antwortete Wolfgang.

Konstanze brachte einen Punsch aus der Küche, und bald darauf flog Wolfgangs Feder über das Papier. Konstanze seufzte erleichtert. Sie stickte an einer Tischdecke – ein verschlungenes J und ein D –, das Geschenk für Josefa Duschek.

Nach einer Weile schaute sie auf. Wolfgang schrieb nicht mehr, er war eingeschlafen. »Wolferl, Amadé! Ums Himmels willen, schreib weiter – ich bitt' dich!« Konstanze war verzweifelt.

»Ich brauch' noch einen Punsch, und dann erzählst wieder ein Märchen – weißt, wie früher in Wien, wenn ich müd' war!« Und Konstanze brachte einen zweiten Punsch und erzählte die Geschichte vom ›Aschenbrödel‹. Sie erzählte sie lustig, denn der Wolfgang hatte sie immer das Aschenbrödel ihrer Mutter genannt. So wurde er selber zum Prinzen, der sie erlöste, und er mußte lachen, als die Stelle kam, wo man den Schwestern Zehen und Fersen abhackte, und der kleine Schuh paßte trotzdem nicht. Er hörte zu, trank Punsch, lachte und schrieb an seiner tragischen Ouvertüre. Als aber die Geschichte zu Ende war und Konstanze nicht weitersprach, schlief er sofort wieder ein. Sie fing eine neue Geschichte an, das ›Hasenmärchen‹, wo zum Schluß der König einen Esel küßt, und doch muß er seine Tochter dem braven Hasenhirten zur Frau geben.

Das machte den guten Wolfgang noch einmal richtig wach. Er lachte und schrieb weiter an seiner tragischen Ouvertüre. Ja, so konnte er am besten arbeiten, wenn er Konstanzes Nähe fühlte und ihre Stimme hörte. Aber diesmal überwältigte ihn immer wieder die Müdigkeit, und es dauerte nicht lange, da lag sein Kopf auf dem Notenpapier. Nein, so ging das nicht weiter! Konstanze konnte es nicht mehr mitansehen. Sie führte ihren Wolfgang zum Kanapee, deckte ihn zu und sagte: »So, jetzt ruhst dich einmal richtig aus und schläfst! Nach einer Stund' weck ich dich – du wirst sehn, dann ist dir besser.«

Sie selber wagte nicht, sich niederzulegen, aus Angst, daß sie am Ende noch alle zwei verschlafen könnten. Als sie nach einer Stunde in das glücklich entspannte Gesicht ihres Mannes schaute, brachte sie es nicht übers Herz, ihn zu wecken. Sie selbst konnte sich auch nicht mehr aufrecht halten und legte sich vorsichtig daneben. Es war bereits 5 Uhr früh, als beide aufwachten.

»Ich glaub', jetzt wird's Zeit« rief Wolfgang unbekümmert, sprang auf und war so frisch, daß er ohne Pause komponierte und gerade fertig war, als pünktlich um 7 Uhr die Kopisten an seine Tür klopften.

Und es war eine Ouvertüre, wie er noch keine geschrieben hatte – die stand wie eine Mauer, hielt Zeit und Ewigkeit umfangen und machte durchaus den Eindruck, als habe er monatelang daran gearbeitet.

Zwei Tage später fand die Uraufführung statt. ›Don Giovanni‹ eroberte Prag.

Das »Gewisse«

Inzwischen war es Winter geworden. Die Mozarts lebten schon seit einigen Wochen wieder in Wien, in Erwartung ihres vierten Kindes und der Wiener Uraufführung des ›Don Giovanni‹. Das Kindchen würde wohl nicht so lange auf sich warten lassen wie die Einstudierung der Oper. Das Theaterprogramm war für den ganzen Winter bereits besetzt, und niemand außer Kaiser Joseph war neugierig auf den ›Don Giovanni‹, von dem man ja wußte, daß er nicht lustig sei. Es war eben so eine Sache mit den Tragödien, und manchem paßte überhaupt das ganze Thema nicht. Kaiser Joseph aber war seit seinem Bündnis mit Katharina II. von Rußland zu sehr in ernste Politik verstrickt, als daß er Zeit für Opern gehabt hätte. So gab Wolfgang wieder Stunden, schrieb fleißig Instrumentalmusik, unerhört schöne Musik, als gäbe es keine Alltagssorgen auf der Welt, und zerstreute sich des Abends in zwanglosem Beisammensein mit den Jacquins. Wenn in des Professors Stube Gelehrte aus aller Welt in ernsten Gesprächen beieinandersaßen, dann schlug sich Mozart meist zu der lustigen Gesellschaft der Jüngeren. Da gab es Kartenspiele und Scharaden, da wurde getanzt und musiziert. Gottfried und Franziska machten ihrem geliebten, aber auch unerbittlichen Lehrer Wolfgang alle Ehre.

Sonate A-Dur

Andante grazioso   Köchel Nr. 331

»Du bist die fleißigste und ehrgeizigste von all meinen Schülerinnen«, bezeugte er eines Tages, als Franziska wieder ein neues, technisch besonders schwieriges Stück, das er eigens für sie geschrieben hatte, fehlerfrei zum Vortrag brachte.

»Jetzt noch etwas aus meiner A-Dur-Sonate«, bat er.

Franziska blieb am Flügel sitzen und spielte. Mozart trat hinter sie, summte die Melodie mit und begann, den Takt auf ihren Schultern zu trommeln. Dann erwischte es ihn! Er hob das zierliche achtzehnjährige Mädchen samt dem Stuhl hoch, stellte beide behutsam wieder hin und setzte sich daneben.

»Spiel du im Baß weiter«, sagte er leise und fing an, das Thema zu variieren. Es kam zu einem so wundervollen Zusammenspiel, daß die wissenschaftlichen Gespräche im Zimmer nebenan verstummten und alles hereingeschlichen kam. Die Zuhörer hielten förmlich den Atem an, so zauberhaft war die Musik. Aber mitten in der andächtigen Stimmung wurde Mozart das Ganze zu feierlich: Er sprang auf, nahm den Klavierstuhl zwischen die Beine und begann darauf im Zimmer herumzureiten, setzte dann in närrischer Laune über Tische und Stühle, miaute wie eine Katze, bellte wie ein Hund und trieb die aus allen Himmeln gerissenen Gäste mit bubenhaften Purzelbäumen auseinander.

»So, jetzt ist mir wieder wohler«, meinte er hernach erleichtert, »i kann's halt net aushalten, wenn's gar so g'schwollen wird und die Leut aufs Schnaufen vergessen.«

Eines Morgens aber gab ein kaiserlicher Läufer ein versiegeltes Schreiben der Hofkanzlei bei Mozarts ab. Wolfgang las es und wurde plötzlich sehr vergnügt. Er hielt den Brief hinter dem Rücken versteckt und schlich mit langen Stelzschritten in Konstanzes Zimmer.

»Rat, was wir jetzt sind?« fragte er lustig blinzelnd.

»No, was werden wir scho' sein. Arme Kirchenmäus' sind wir, solang wir net wissen, wie wir den Mietzins zahlen sollen...« Es wurmte Konstanze, daß sie deswegen aus der Landstraße schon wieder hatten ausziehen müssen, aber Wolfgang triumphierte laut:

»Kaiserlich königlicher Hofkompositeur sind wir!«

Er warf das ehrenvolle Schreiben hoch in die Luft, fing es geschickt wieder auf und überreichte es mit einer vollendeten Verbeugung seiner Frau.

»Ja so was!« rief Konstanze erfreut. »Kommt das, weil der Gluck gestorben ist? Kriegst du dann auch 2000 Gulden wie er?«

»Ich komm' an seine Stelle, aber vorläufig noch mit dem Anfangssalär von 800 Gulden. Ich bin halt soviel jünger und noch lang nicht so berühmt«, beschwichtigte Wolfgang, »800 Gulden sind schon sehr schön, Stanzerl, ein fester Verdienst halt, eben das ›Gewisse‹, wie der Herr Vater selig immer g'sagt hat, das man haben muß. Ach, wenn er das doch noch erlebt hätt'!«

Am 14. November 1787 war Christoph Willibald von Gluck nach langem Kranksein gestorben, ein Mann, der sich aus eigener Kraft von unten heraufgearbeitet hatte und der seine Berühmtheit und auch seine finanziellen Erfolge noch bei Lebzeiten hatte genießen dürfen. Sein Leichenbegängnis glich dem eines großen Fürsten, und alles, was in Wien einen Namen hatte, stand ehrlich trauernd an seinem prunkvollen Sarge. Er war Mozart nie im Wege gewesen. Der freigewordene Platz des Hofkompositeurs erfüllte auch nicht Mozarts Hoffnungen auf vermehrte kaiserliche Kompositionsaufträge. Es blieb bei den üblichen kleinen Kammermusiken und Redoutentänzen. Die Ernennung zum Hofkompositeur glich mehr einer liebenswürdigen Geste, und das Gehalt war ein Tropfen auf einen heißen Stein. Was hatte man schon von der gnädigen Erhebung zu den obersten Zehntausend der Stadt? Man konnte nicht wie ein armer Mann herumlaufen, hatte gesellschaftliche Verpflichtungen in und außerhalb des Hauses und wollte doch schließlich seinen Neidern und Gegnern keine Gelegenheit zu spöttischem Grinsen geben. Nein, niemand sollte Mozart seine Sorgen anmerken – es würden auch wieder bessere Zeiten kommen. So ging er denn stets sorgfältig nach der neuesten Mode gekleidet, ritt täglich im Prater spazieren, wie ihm sein Arzt dringend verordnet hatte, und ließ sich auch sein Billardspiel nicht nehmen.

Kurz nach Weihnachten kam das ersehnte Töchterchen zur Welt. Es hieß Theresia, nach seiner Taufpatin Frau von Trattner, und war ein gesundes, kräftiges Kind; man durfte hoffen, daß es am Leben bleiben würde. Als die erste Frühjahrssonne über die hohen Dächer der Stadt in die Fenster der engen Gasse lugte, konnte das kleine Mädchen schon lachen und sein Köpfchen heben, wenn Bruder Carl ihm ein Spielzeug hinhielt.

Joseph Haydn, der manchmal zu Besuch kam, wurde fast neidisch auf die kleine Gesellschaft. Er hatte die richtige behutsame Art, mit Kindern umzugehen. Wie gern hätte er selbst Kinder gehabt! Bald streckte ihm die Kleine schon die Hände entgegen, wenn er sich über den Korb beugte; als er aber nach einigen Wochen wiederkam mit einem kleinen, klingenden Spielzeug für das Reserl, da war auch dieses vielversprechende Kind bereits wieder aus der Welt gegangen.

Kurz vor dem Tode der kleinen Theresia waren Mozarts der Kinder und Konstanzes zarter Gesundheit wegen wieder aufs Land gezogen. Zu den »Drei Goldenen Sternen« hieß das Haus und stand in der Währinger Straße in der Alservorstadt. Ein großer Garten erstreckte sich steil abfallend gegen die Roßau zu. Eine gemauerte Aussichtsterrasse mit schönen Sandsteinfiguren teilte ihn in zwei Hälften. Links und rechts führte je eine Treppe in den unteren

Teil des Grundstücks, das bis in die Mohrengasse hinunterreichte.

Hier in dem ländlichen Frieden holte Mozart jetzt zu gewaltigem Schaffen aus. Er hatte ihn wohl satt, den kleinlichen Ärger mit Hauswirten und Schneidern, mit Arien für ehrgeizige Sängerinnen, und die Theaterintrigen hinter den Kulissen waren ihm auch über. Am 7. Mai 1788 war endlich die Wiener Uraufführung des Don Giovanni gewesen. Die Schwägerin Aloysia sang die Rolle der Donna Anna, und die altbewährte Cavalieri mußte sich mit der weniger dekorativen Rolle der Elvira zufriedengeben. Die männlichen Darsteller waren alles Neulinge in Wien. Mozart hatte Pech gehabt, daß der Kaiser, auf dessen Beifall es leider immer ankam, für viele Monate ins Hauptquartier des Türkenkrieges gereist war. Das Für und Wider des ›Don Giovanni‹ bildete lange Zeit genug Gesprächsstoff in Wien, aber Mozart schüttelte das alles von sich ab.

Im Haus zu den »Drei Goldenen Sternen« entstand das Wunder der drei großen Symphonien: die lebenswarme, wienerische ›Es-Dur-Symphonie‹ mit dem fröhlichen Tanzmenuett, die schwermütige ›g-Moll-Symphonie‹ und die sieghafte C-Dur-, die ›Jupitersymphonie‹ – drei Werke, die Mozart weit über seine Zeit hinaus in eine neue Welt der Musik hineintrugen. Aber wie kam es, daß diese großartige Kunst, die wie keine andere geeignet ist, die Menschen aufzurichten, auch dem Hoffnungslosesten wieder Mut und seinem Leben wieder Sinn zu geben – wie kam es, daß diese Musik nicht imstande war, die kleine Familie des Komponisten zu ernähren?

Es war wohl wirklich so, wie Mozart schon früher einmal seinem Vater schrieb:

Das mittelding in allen Sachen kennt und schätzt man itzt nimmer. Um Beyfall zu erhalten muß man Sachen schreiben, die so verständlich sind, daß es ein Fiaker nachsingen kann oder so unverständlich, daß es ihnen, weil es kein vernünftiger Mensch verstehen kann, gerade eben deswegen gefällt!

»Wenn Mozart Geld verdiente, mußte er es sofort wieder ausgeben, um Schulden zu bezahlen. Und was das Schlimmste war, Konstanze hatte seit einiger Zeit ein schmerzhaftes Fußleiden. Sie konnte kaum mehr auftreten, und alles Herumdoktern half nichts. Dr. Barisani, der treue Salzburger Jugendfreund, der Wolfgang immer so gut kuriert hatte, war im vergangenen Herbst gestorben, und die neuen Ärzte zuckten die Achseln. Sie rieten zu einer Kur in Baden. Auch das noch! Eine solche Kur verschlang ungeheure Summen, und ein Haushalt ohne Frau verteuerte sich noch obendrein.

»Net traurig sein, Stanzi«, tröstete Wolfgang seine Frau, »die Hauptsach' ist, daß du wieder g'sund wirst. Ich werd' etwas von unserm Silber aufs Versatzamt tragen...« Er tat ihr gegenüber ganz unbesorgt. Heimlich schrieb er seinem Freund, dem musikliebenden Kaufmann Puchberg:

Liebster Bruder!
Ihre wahre Freundschaft und Bruderliebe macht mich so kühn, Sie um eine große Gefälligkeit zu bitten: Ich bin Ihnen noch 8 Dukaten schuldig – überdies, daß ich dermalen außer Stand bin, sie Ihnen zurück zu bezahlen, so geht mein Vertrauen gegen Sie so weit, daß ich Sie zu bitten wage, mir nur bis künftige Woche (wo meine Akademien im Casino anfangen) mit 100 Gulden auszuhelfen. – Bis dahin muß ich notwendigerweise mein Subskriptionsgeld in Händen haben und kann Ihnen dann ganz leicht 136 Gulden mit dem wärmsten Dank zurückbezahlen.
Ich nehme mir die Freiheit, Ihnen hier mit 2 Billetl aufzuwarten, welche ich Sie bitte, ohne Bezahlung anzunehmen, da ich ohnehin nie im Stande sein werde Ihnen Ihre mir bezeugte Freundschaft genugsam zu erwidern. Ich bitte Sie noch einmal meiner Zudringlichkeit wegen um Vergebung und verharre nebst Empfehlung an Ihre würdige Frau Gemahlin mit aller Freundschaft und Bruderliebe

Ihr ganz ergebenster Bruder
W. A. Mozart.

Wohl schickte Puchberg sofort eine Summe, aber sie reichte nicht hin und nicht her, so daß Mozart sich nach zehn Tagen genötigt sah, dem Mann einen neuen Brief zu schreiben:

Liebster bester Freund!
Die Überzeugung, daß Sie mein wahrer Freund sind, und daß Sie mich als einen ehrlichen Mann kennen, ermuntert mich, Ihnen mein Herz ganz aufzudecken, und folgende Bitte an Sie zu tun. – Ich will ohne alle Ziererei nach meiner angeborenen Aufrichtigkeit zur Sache selbst schreiten.
Wenn Sie die Liebe und Freundschaft für mich haben wollten, mich auf 1 oder 2 Jahre, mit ein oder zwei Tausend Gulden gegen gebührende Interessen zu unterstützen, so würden Sie mir auf Acker und Pflug helfen. – Sie werden gewiß selbst sicher und wahr finden, daß es übel ja unmöglich zu leben sei, wenn man von Einnahme zu Einnahme warten muß! – Wenn man nicht einen gewissen, wenigstens den nötigen Vorrat hat, so ist es nicht möglich in Ordnung zu kommen. – Mit nichts macht man nichts. Wenn Sie mir diese Freundschaft tun, so kann ich 1. die nötigen Ausgaben zur gehörigen Zeit, folglich leichter entrichten, wo ich jetzt die Bezahlungen verschiebe, und dann eben zur unbequemsten Zeit meine ganze Einnahme oft auf einmal hinausgeben muß. – 2. kann ich mit sorgenlosem Gemüt und freiern Herzen arbeiten, folglich mehr verdienen. Wegen Sicherheit glaube ich nicht, daß Sie einige Zweifel haben werden! Sie wissen so ungefähr, wie ich stehe – und kennen meine Denkungsart!
Wenn Sie vielleicht so bald nicht eine solche Summe entbehren könnten, so bitte ich Sie mir wenigstens bis morgen ein paar hundert Gulden zu lehnen, weil mein Hausherr auf der Landstraße so indiskret war, daß ich ihn gleich auf der Stelle auszahlen mußte, welches mich sehr in Unordnung gebracht hat.
Nun nehmen Sie meinen Brief als das wahre Zeichen meines ganzen Vertrauens gegen Sie, und bleiben Sie ewig

mein Freund und Bruder, wie ich sein werde bis ins Grab.

Ihr wahrer, innigster Freund und Bruder
W. A. Mozart

Auch diesmal erfüllte Puchberg die Bitte bis zu einem gewissen Grade, aber zum Gönner auf längere Sicht und mit größeren Summen konnte er sich nicht aufschwingen. Mozart hatte nicht den Mut, sich für den erwiesenen Freundschaftsdienst persönlich zu bedanken, hätte er doch dann gestehen müssen, daß er das Geliehene beim besten Willen nicht zu dem versprochenen Zeitpunkt zurückzahlen konnte. Wem sollte er sich anvertrauen? Vor der Wiener Gesellschaft durfte er sich nicht bloßstellen. Wenn erst die Leute über ihn klatschten, dann verlor er Kredit und Ehre, dann ging es bergab mit ihm. Niemand durfte etwas davon erfahren, niemand, der nicht ganz verschwiegen war. Also wieder ein Brief an Puchberg, und nach vierzehn Tagen einen vierten, in dem Mozart bat, ihm auf zwei Pfandzettel etwas Geld vorzustrecken.

Ob Haydn etwas davon ahnte? Jedenfalls schrieb er, als er die Aufforderung erhielt, für Prag eine Oper zu komponieren, den ehrlichsten und selbstlosesten Brief, den der Geist wahrer Freundschaft jemals diktiert hat. Er verzichtete und wies energisch auf das unübertreffliche Können des jungen Kollegen hin. Ungeschminkt sagte er, worauf es ankam: Prag möge den teuren Mann festhalten, aber auch mit Schätzen belohnen! Denn ohne daß es ihnen gelohnt werde, sei das Leben großer Genies traurig und gebe der Nachwelt leider wenig Aufmunterung zu fernerem Streben...

Ende des Jahres kehrte Kaiser Joseph aus dem Türkenkriege zurück. Am 15. Dezember sah er den ›Don Giovanni‹. Sein Urteil lautete: »Dies Werk ist himmlisch – es ist noch schöner als der ›Figaro‹, aber es ist kein Bissen für meine Wiener.«

»Lassen wir ihnen Zeit, ihn zu verdauen«, erwiderte Mozart. Und tatsächlich – die Wiener gewöhnten sich mit der Zeit an dieses Stück, das so viel Staub aufgewirbelt hatte. Und die Entlohnung des Kaiserhauses für solch ein unsterbliches Werk?

»Dem da Ponte für Komponierung der Poesie zur Oper ›Il Don Giovanni‹... 100 Gulden. Dem Mozart Wolfgang für Komponieren der Musik ›Il Don Giovanni‹... 225 Gulden.«

Es war ein glänzendes Elend, dieses Komponistendasein.

»Auf die vorhandene Reise«

Konstanze ging es besser. Sie konnte wieder gehen und manchmal sogar ein bißchen tanzen. Zwar nicht auf der Redoute, aber daheim, wenn es im Winter oft so kalt war, daß Mozart nicht schreiben und nicht Klavierspielen konnte, weil ihm die Finger steif wurden. Wenn dann auch der Ofen nicht wärmte, weil nichts mehr zum Einheizen da war, dann sprang Wolfgang oft auf und holte die Stanzi aus der Küche, und sie pfiffen und tanzten in der Stube umher, bis ihnen warm wurde.

Jetzt war der Winter vorbei. Die Sonne hatte wieder Kraft, und mit den ersten Krokussen kam auch neuer Lebensmut. Das vergangene Jahr 1788 war wechselvoll, aber künstlerisch fruchtbar gewesen. Die Mozarts hatten schwankend zwischen Hoffnung und Verzweiflung gelebt, zwischen Lustigkeit und müder Entsagung. Jetzt sollte alles anders werden. Wolfgang hatte neue Reisepläne! Friedrich Wilhelm II., der Nachfolger des vor zwei Jahren verstorbenen Preußenkönigs, hatte durch ein Mitglied seiner Hofkapelle mehrmals nach Mozart fragen lassen, er wurde schon fast ungeduldig. Bei der nächsten Gelegenheit würde also eine Reise nach Berlin gemacht werden. Der freundliche König, ein eifriger Quartettspieler, war bekannt als großer Musikfreund und Mäzen, der seinem Oheim Friedrich dem Großen nicht nachstehen wollte. Sicher hatte er größere Aufträge, wenn nicht gar das Angebot einer festen Anstellung am preußischen Hof für Mozart.

»Um Gott's willen – müßten wir dann fort von Wien und bis nach Berlin hinauf ziehn?« fragte Konstanze entgeistert, und Wolfgang wußte auch nicht recht, wie er sich dazu stellen sollte. »Gern tät ich's wahrhaftig net, Stanzi, aber für eine Zeit tät's g'wiß nix schaden – mindestens werd' ich dann amal den Wienern wieder wertvoller. Der Gluck hat auch erst in Paris berühmt werden müssen, um in Wien gut bezahlt zu werden.« Da meldete sich noch einer, der etwas von »verreisen« gehört hatte – das war der kleine Carl, der rief: »Aber gell, Papa, bevor du fortfahrst, gehst mit mir in den Prater, das hast mir scho' lang versprochen!«

»Freili, Karlimann, des gibt a Hetz! Heut noch sag' ich's dem Onkel Jacquin, dann schickt er uns die Chaisen, und dann fahren wir in den Prater.«

Und wirklich, bereits am nächsten Tag gab es eine übermütige Fuhre; auch die Sophie Weber war dabei und die Lorl, das Hausmädchen, damit sie das Kind früher nach Hause bringen konnte, wenn die großen Leute noch auf einen Heurigen gingen. Vater Wolfgang und der Bub saßen vorne beim Kutscher auf dem Bock. Der Kleine durfte die Peitsche haben und auch die Hand am Zügel halten. Ach, und es roch so schön nach Pferd! Dann kamen all die Praterseligkeiten: Ringelspiel und Schiffschaukel, Türkischer Honig und Kasperltheater, Laterna magica und Guckkasten, heiße Würstl und Limonade, Tanzbär und Preisschießen. So lustig waren sie alle miteinander, daß sie singen mußten, singen und dichten zugleich! Jedem fiel etwas ein, und zum Schluß war's ein richtiger Kanon, der hieß: »Gehn wir in Prater, gehn wir in d'Hetz, gehn wir zum Kasperl, zum Kasperl, zum Kasperl…«

Auf einmal aber wurde es dunkel und kühl, und es war Zeit für kleine Buben, ins Bett zu gehen. Damit er nun nicht weinen sollte, sang ihm die ganze Gesellschaft noch den

Gut-Nacht-Kanon, den Wolfgang früher schon geschrieben hatte, und alle Menschen rundum lachten und sangen mit, als sie die Melodie erfaßt hatten:

Bona nox! Bist a rechta Ox, bona notte, liebe Lotte,
Bonne nuit, bonne nuit, Good night, good night,
Heut' müaß ma no weit, Gute Nacht, gute Nacht...

Ja, die Kanons. Seit Jahrhunderten war es die beliebteste Art des lustig-derben Singens im kleinen Kreis. Aber auch zur frommen Kirchenmusik gehört diese reizvolle Kunst. Die größten Komponisten befaßten sich damit, Kanons zu schreiben und konnten dabei ihr bestes Kontrapunktisches Können beweisen. Michael und Joseph Haydn waren Meister darin und sammelten eifrig volkstümliche Gesänge dieser Art, die Mozart von Kindheit an kannte und liebte. Der höchsten Form dieser Kunst begegnete er bei Padre Martini auf seiner Italienreise, wo er die ersten Kanons komponierte. Vergangenes Jahr hatte er nun wieder Spaß daran gefunden und auch Rätselkanons und Kanons für kirchliche Gesänge geschrieben.

Seit 1784 schrieb Mozart alle seine Kompositionen auf Rat seines Vaters in ein Verzeichnis und war am Ende jeden Jahres von neuem erstaunt, wie viele und wie verschiedenartige Kompositionen er außer seinen großen Opernarbeiten geschaffen hatte. Das stimmte ihn dann wieder fröhlich und zuversichtlich.

Bald sollte sich nun auch eine kostenlose Fahrgelegenheit nach Preußen bieten. Mozarts Schüler, der junge Fürst Lichnowsky, der vor einem halben Jahr eine Tochter der lieben alten Gönnerin Wilhelmine von Thun geheiratet hatte, reiste im eigenen Wagen über seine schlesischen Besitzungen nach Berlin.

Mit ihm fuhr Mozart Anfang April vergnügt in den blühenden Frühling hinein. Er hatte in dem jungen Fürsten einen gleichgesinnten, musikverständigen Reisekameraden, der gänzlich frei von Standesdünkel war.

Auf der Fahrt über Prag nach Dresden, wo man am 12. April eintraf, hatte Mozart wieder einmal seiner Lust

Trink - Kanon

Zu 4 Stimmen

Freunde, lasset uns beim Ze-chen wacker eine Lanze brechen! Es leb der Wein, die Liebste mein! Drauf leer sein Gläschen jeder aus. Mit euch ist garnichts anzu-fangen, da sitzt ihr still wie Hopfen-stangen. Sie le-be hoch! So schreiet doch! Sie le-be hoch! So schreiet doch, so schreiet doch! Seid ihr wie Stockfisch denn geworden stumm, seid ihr wie Stockfisch denn gewor-den stumm? So schreit, so schreit, so schreit, ihr E-sel, doch, seid nicht so dumm! Es leb die Lie-be und der Wein! Was könnt auf Er-den Schönres sein? Vivat, vivat, vivat, sie lebe hoch!

am sinnig-unsinnigen Reimen nachgegeben. Konstanze bekam ein »Gedicht«:

Auf die vorhandene Reise

Wenn ich werde nach Berlin ver-	*Reisen*
Hoff ich mir für wahr viel Ehr und –	*Ruhm*
Doch acht ich gering alles –	*Preisen*
Bist Du, Weib, bei meinem Lob –	*Stumm*
Wenn wir uns dann wiedersehn –	*Küssen*
Drücken, oh, der wonnevollen –	*Lust*
Aber Tränen – Trauertränen –	*Fließen*
Noch ehvor – und spalten mir Herz und –	*Brust*

Am Abend der Ankunft in Dresden begab sich Mozart noch in das Haus einer berühmt musikalischen Familie, bei der Josefa Duschek zu Gast weilte. Er hatte nämlich in Prag nur ihren Mann angetroffen. Der fand es sehr lustig, daß Wolfgang nun so unerwartet auch nach Sachsen fuhr, wo seine Frau auf Konzerttournee war. Er hatte ihm einen Brief an Josefa mitgegeben – sicher konnte er durch sie wieder eine Menge wertvoller Bekanntschaften machen. Die schöne Seffi hatte überall ihre Gönner, und wer konnte es wissen – vielleicht gab es auch am sächsischen Hof etwas zu verdienen! Aber Mozart wollte keine Luftschlösser bauen, er vertraute lieber auf ein gutes Geschick. Er war so lustig und guter Dinge, daß er auch einen Spaß mit seinem unerwarteten Besuch haben wollte. Mitten aus der Gesellschaft ließ er Josefa rufen, ohne seinen Namen zu nennen; aber da kam sie ihm schon entgegengelaufen: »Grad hab' ich's gesagt – da kommt einer, der schaut aus wie der Mozart!«

Was nun an Lärmen und Begrüßungsfreude, an Bewirtung und Feiern heraufbeschworen wurde, war unvorstellbar. Der junge Lichnowsky kam natürlich auch in den fröhlichen Kreis. Man musizierte, tafelte, tanzte und machte die beiden Ankömmlinge in den folgenden Tagen mit allem bekannt, was für die musikalische Welt Dresdens Bedeutung hatte.

So hörte Mozart in der prachtvollen Hofkirche eine Messe von dem berühmten Johann Gottlieb Neumann selbst gespielt; sie speisten und musizierten alle zusammen beim russischen Gesandten, dessen Name, Prinz Belowselski-Beloserki, den übermütigen Mozart immer wieder zu neuen Zungenkunststücken verführte und der sich dann als ein leidenschaftlicher Musikliebhaber und Freund aller Künste erwies.

Da war nun auch noch ein anderer Musiker zu Gast, der Organist Hässler aus Erfurt, von dem jedermann wußte, daß er sich einmal gerühmt hatte, er werde eines Tages nach Wien fahren und dem braven Mozart beweisen, daß der zwar gut, aber noch lange nicht unübertrefflich Klavierspielen könne. Jetzt sank Hässler doch etwas der Mut, als er den Meister persönlich hören durfte und das strahlend liebenswürdige Wesen des Österreichers jede Selbstüberheblichkeit unmöglich machte. Lichnowsky, der beide gut kannte, überredete sie zu einem kleinen kollegialen Wettstreit auf der Orgel.

»Natürlich«, rief der russische Prinz, »auf der Silbermannorgel in der Hofkirche! Das gibt ein Fest!« Er ließ anspannen, und sie fuhren hinüber. Mozart war ein ausgezeichneter Orgelspieler, und was nun folgte, war ein unbeschreiblicher Genuß. Selbstverständlich wurden keine Werturteile gefällt, als man aber zurückfuhr in das Palais des russischen Gesandten, ging das Wechselspiel auf dem Klavier weiter bis tief in die Nacht...

Wolfgang fühlte sich in Dresden rasch zu Hause. Die barocken Bauten der Stadt, die Frauenkirche mit ihrer mächtigen Kuppel, die graziöse Architektur des Zwingers, das vornehme Schloß, der grüne Garten des Grafen Brühl am Ufer der breit strömenden Elbe – das alles brauchte sich auch vor einem Wiener nicht zu verstecken. Herrlich war diese Stadt, von prachtliebenden, kunstverständigen Fürsten und großen Künstlern in die sächsische Hügellandschaft gebaut. Dresden, das gastfreundliche, das gemütliche Dresden, legte sich Mozart zu Füßen. Auch sollte er

ein wertvolles Andenken an diesen Aufenthalt bekommen.
Es war ein unendlich fein mit dem Silberstift gezeichne-
tes und gut beobachtetes Porträt, das ihn einmal zeigte, wie
er wirklich war – nicht schöner und nicht häßlicher, nicht
dicker und nicht dünner, bescheiden und doch selbstbe-
wußt, einfach so, wie er aussah: ein bißchen müde und
durchsichtig, aber doch mit dem bekannten gutmütigen
Spott um die Mundwinkel. Nur die mütterlichen Augen
einer Frau konnten ihn so sehen und darstellen. Es war die
Zeichnerin Dora Stock, die Schwägerin des Oberkonsisto-
rialrates, Appellationsrates, Ministerialrates und Geheimen

Oberregierungsrates Christian Gottfried Körner, in dessen kunstbegeistertem Hause Mozart musizierte. Man hoffte, der berühmte Gast aus Wien werde sich nach dem Abendessen ein wenig auf dem Piano hören lassen. Mozart aber setzte sich gleich nach der ersten Begrüßung an das Instrument, um ein wenig zu phantasieren. Inzwischen war der Tisch gedeckt, und er wurde zum Essen gebeten. Mozart spielte weiter — man konnte ihn nicht stören, so vertieft war er. Auf diese Weise hatte man die schönste Tafelmusik. Das Mahl war längst vorbei, er spielte immer noch — Mozart hatte vergessen, wo er war, und improvisierte zu seiner eigenen Freude weiter. Bei einem Konzert österreichischer Landsleute in Mozarts Hotel wurde ein Trio-Divertimento von Wolfgang gespielt. Josefa Duschek sang einiges aus dem ›Figaro‹ und dem ›Don Giovanni‹. Es konnte nicht ausbleiben, daß nun auch eine Aufforderung kam, bei Hof zu spielen. Mozart durfte man sich doch nicht entgehen lassen! Und Wolfgang verschob die Weiterreise nach Berlin, die Einladung bei Hofe war wichtig genug, vielleicht brauchte man einen Hofkapellmeister?

Noch etwas bewog ihn zu bleiben: Es war kein Brief von Konstanze gekommen… Ihr Porträt in einem kostbaren Lederetui trug er immer bei sich, stellte es abends neben sein Bett, um sich noch eine halbe Stunde damit zu unterhalten, ebenso beim Aufwachen. Lauter närrisches Zeug war es, was er da sprach, aber für Menschen, die sich so innig liebten, war es gar nicht so dumm. Wenn er das Bild aus seinem Gefängnis nahm, um es zu küssen, sagte er: »Grüß dich Gott, Stanzerl! Grüß dich Gott, Spitzbub, Knallerballer, Spitzignas, Bagatellerl, Schluck und Druck…« und wenn er es wieder ins Etui steckte, dann küßte er es noch einmal und sagte: »Nu, nu, nu — gute Nacht, Mauserl, schlaf g'sund!«

Das wichtige Konzert bei Hofe vor dem Kurfürsten von Sachsen, bei dem Mozart das Krönungskonzert spielte, brachte außer lebhaftem Applaus nur eine hübsche Tabaksdose ein; Konstanzes Brief aber, den er abends im

Gasthof vorfand, der machte ihn ganz verrückt vor Glückseligkeit. Wie im Triumph lief er damit auf sein Zimmer, küßte ihn unzählige Male, ehe er ihn öffnete, dann verschlang er den Inhalt und las ihn immer wieder, so daß er schier endlos ausblieb und die wartende Gesellschaft unten schon ahnte, was mit ihm los war. Es wurde 20. April, bis man in Leipzig ankam. Leipzig – das war Johann Sebastian Bach, das war die Thomaskirche! Drei Tage nur konnte Mozart verweilen, unvergeßliche Tage. Natürlich bat er, auf Bachs Orgel spielen zu dürfen, und so wurde den Leipzigern der unvorhergesehene Genuß, den österreichischen Meister katholischen Glaubens über ihr evangelisches Choralthema »Jesu, meine Zuversicht« aufs herrlichste improvisieren zu hören. Dem alten Thomaskantor Friedrich Doles kamen die Tränen – er war noch Schüler von Johann Sebastian gewesen, als dieser den Thomanerchor betreute. Lange, lange war das her, und jetzt glaubte er, bei den Klängen seiner vertrauten Orgel Meister Bach wieder zu hören, dessen Spiel bislang keiner erreicht hatte.

Zum Dank sangen die Thomasschüler eine mehrstimmige Motette von Bach, die Mozart aufs höchste entzückte. Gewiß besaß diese Schule, an der Bach jahrelang Kantor gewesen war, eine lückenlose Sammlung seiner Motetten! Mozart wollte zu gern einige Partituren dieser Gesänge einsehen, aber da stellte sich heraus, daß keine vorhanden waren, sondern nur die einzelnen ausgeschriebenen Stimmen.

»Macht nix«, rief Mozart, »gebt mir halt die Stimmen zum Lesen!« Und bald darauf konnte man ihn sehen, wie er inmitten von Notenblättern saß, beide Hände voll Papier. Auf den Knien ausgebreitet, vor sich auf den Stühlen, die im Kreis um ihn herumstanden, auf dem Boden lagen die Noten, und gänzlich in sich versunken und die Umwelt vergessend, saß Mozart da und las, bis er alles durchgesehen hatte und beglückt vor sich hin lächelnd die Blätter wieder einsammelte.

Bei der Abreise mußte er überall das Wiederkommen für die Rückfahrt versprechen; auch ein Gewandhauskonzert wurde ausgemacht, für das Josefa Duschek ihre Mitwirkung zusagte. Das versprach wieder einigen Verdienst.

Am 25. April erreichten Lichnowsky und Mozart endlich ihr Reiseziel, Potsdam. Ein Glück, daß Mozart dort bei der Familie eines Waldhornisten wohnen konnte, der ihm von seiner Pariser Reise her bekannt war, denn Potsdam war ein teures Pflaster.

Da saß er nun, machte die üblichen Visiten, wartete auf Post von Konstanze, wartete auf den Ruf des Königs und schrieb sehnsuchtsvolle Briefe nach Wien.

Er sorgte sich um Konstanze, bat sie, auf ihre Gesundheit zu achten, der Frühlingsluft nicht zu trauen, nicht allein zu Fuß, am besten überhaupt nicht zu Fuß auszugehen. Und mehr schreiben solle sie und viel ausführlicher! *»Oh stru, stri! – ich küsse und drücke dich 1095060437082mal (hier kannst du dich im Aussprechen üben) und bin ewig dein treuester Gatte und Freund W. A. Mozart.«*

Der preußische König war Mozart nach wie vor gnädig gesinnt, ließ sich aber Zeit, ihn zu rufen. Wolfgang dauerte es zu lange. Er fuhr inzwischen nach Leipzig, und als er zurückkam, quartierte er sich am Gendarmenmarkt in Berlin ein, um näher beim Theater zu sein. Dort gab man nämlich ›Die Entführung‹, und da wollte er einmal ganz unbemerkt lauschen. Mit einer billigen Stehplatzkarte schlich er sich, so wie er von der Reise gekommen war, im staubigen Mantel, ins Parterre. Er hörte zu und merkte nicht, wie er unbewußt an der Seite entlang immer weiter nach vorne drang. Schon erregte er den Ärger der Theaterbesucher, weil er manchmal ganz laut und begeistert mitsummte und dirigierte, manchmal auch tadelnd den Kopf schüttelte, zischte und halblaut schimpfte. Wußte denn dieser hergelaufene schäbige Mensch nicht, wie man sich in einem Theater benahm? Raussschmeißen sollte man so jemanden! Mozart merkte nichts von dem Mißfallen, das er erregte, sondern rückte unentwegt vor, bis er beim Orchester stand. Und da geschah etwas Unerhörtes: An der Stelle der Pedrillo-Arie »Frisch zum Kampfe! Frisch zum Streite!« bei den wiederholten Worten »Nur ein feiger Tropf verzagt« spielte die zweite Violine Dis statt D! Um Mozarts Fassung war es geschehen; wütend stampfte er mit dem Fuß auf, daß die silberne Schuhspange in Stücke zersprang, und schrie außer sich vor Zorn:

»Verflucht! Wollt Ihr wohl ›D‹ greifen!«

Jäh riß die Musik ab, die Darsteller standen wie erstarrt. Empörung brauste durch das Theater – aber dann erkannte man ihn.

Wie ein Lauffeuer ging es durch das Haus: »Mozart ist da!« Der wußte nicht, wie ihm geschah und wie das alles so schnell gekommen war – auf einmal stand er auf der Bühne, mußte sich brav verneigen und das Beifallsgetöse über sich ergehen lassen. Wie betäubt zog er sich hinter die Kulissen zurück, wo ihm händeringend der Intendant entgegenlief: »Die Schauspieler haben plötzlich alle Lampenfieber – sie getrauen sich nicht, vor dem Komponisten weiterzuspielen!«

Henriette Baranius, die bildhübsche Darstellerin des Blondchens, saß heulend in ihrer Garderobe. Es brauchte den ganzen Charme des Wolfgang Amadeus, sie zu beruhigen und auch die andern so weit zu stärken, daß alle sich wieder auf die Bühne getrauten, wo dann ›Die Entführung‹ ohne weitere Störung zu Ende gespielt wurde.

Es sollte noch eine Woche dauern, bis aus Potsdam die Aufforderung kam, bei Hofe zu erscheinen. Endlich war der eigentliche Reisezweck erreicht: Mozart spielte vor Königin Friederike von Preußen und bekam vom König den Auftrag, 6 Streichquartette und 6 leichte Klaviersonaten für die jugendliche Prinzessin Friederike Charlotte Ulrike zu schreiben. Das war alles.

Und so mußte Wolfgang wieder eine Hoffnung begraben und konnte seiner Frau vor der Rückreise leider nichts anderes schreiben als: *Mein liebstes Weibchen! Du mußt Dich bei meiner Rückkunft schon mehr auf mich freuen, als auf das Geld!*

Der neue Kaiser

Wenn Mozart auch wenig Geld mitbrachte von seiner weiten Reise, so gab es doch eine Menge zu erzählen, und es kam auch einiges aus seinem Koffer zum Vorschein, das Freude machte. Konstanze erhielt ein bezauberndes, winziges Kaffeeservice mit zwei Tassen aus Meißner Porzellan, ein wertvolles Geschenk des russischen Gesandten in Dresden; für die Lorl aber, das ewig verfrorene Hausmädchen, zog Wolfgang, jetzt im warmen Juni, einen dicken Pelzmuff heraus, aus der Kürschnerstadt Leipzig.

Mozart war im Grunde froh, daß er wieder daheim war in der geliebten Stadt. Arbeiten mußte man überall, um sein Geld zu verdienen – er würde eben wieder Stunden geben. Auch hatte der neue Direktor des Nationaltheaters in Prag ihm Hoffnungen gemacht auf einen Opernauftrag, er war so gut wie sicher... 200 Dukaten Honorar und 50 Dukaten Reisegeld! Bis dahin aber wollte er Akademien im eigenen Haus veranstalten. Er hatte ja soviel Neues komponiert, das er hören lassen konnte. Ja, er fühlte selbst, daß er sich vervollkommnet hatte; es war ein neuer, ein tieferer Klang in seiner Musik.

Doch je ernster, je großartiger seine Kunst wurde, um so größer wurde die Kluft zwischen ihm und seinem Publikum. Man verstand ihn nicht mehr recht. Was war nur mit dem Mozart – eben hatte er noch allen liebenswürdig und heiter ins Ohr gespielt, und nun dieser dunkle, rätselhafte Ton, der da manchmal durchbrach?

War er denn ein anderer geworden? Oder war die Zeit eine andere? Vor fünf Jahren hatten sich noch 174 gutbezahlende Subskribenten eingeschrieben, wenn Mozart ein Konzert gab. Man hatte sich die Hände heißgeklatscht, hatte geschrien, gejubelt, und selbst der Kaiser hatte zugeschaut und zugehört... Jetzt wurde es immer stiller um den Meister. Er wollte seinen Wienern die Symphonien des vorigen Sommers vorspielen, aber niemand wollte sie hören. Ein einziger Name stand auf der Subskriptionsliste: Gottfried van Swieten!

Der Herr Baron aber hatte leider kein Talent zum diskreten Wohltäter. Wie lange beschäftigte er Mozart schon als Konzertleiter für seine Bach- und Händelnachmittage, die er abwechselnd in den Palais der Schwarzenberg, der Lobkowitz, Dietrichstein, Batthyany, Esterhazy oder auch im Prunksaal der Nationalbibliothek veranstaltete – eine Tätigkeit, die Mozart viel Zeit und Geduld kostete und lächerlich wenig einbrachte. Jetzt gab van Swieten ihm den ehrenvollen Auftrag, den Messias von Händel für seine Privatveranstaltungen zu bearbeiten. O ja, Ehre über Ehre, in den Adelspalästen aus- und eingehen wie ein Ebenbürtiger – aber keiner machte sich Gedanken darüber, ob der kleine blasse Mann in seinem feinen Rock am Ende Sorgen haben könnte, Sorgen um das tägliche Brot. Konstanze war bleich und schmal, Wolfgang konnte nicht recht in ihre großen dunklen Augen schauen, es war, als fürchte er, einen Vorwurf darin zu lesen. Warum konnte er alles andere besser als Geld verdienen? Eine Familie braucht doch Geld! Ach, Vater Leopold, »das Gewisse« war viel zu wenig, um in Ruhe schaffen zu können. Wenn wenigstens einer seiner Freunde, denen er einst größere Summen geliehen hatte, daran dächte, etwas abzuzahlen!

Glühend vor Scham sah sich Mozart genötigt, wieder an Puchberg zu schreiben, dem doch die letzten Schulden noch nicht zurückerstattet waren:

...Gott! Ich bin in der Lage, die ich meinem ärgsten Feind nicht wünsche! Und wenn Sie, bester Freund und Bruder, mich verlassen, so bin ich unglücklicher und unschuldigerweise samt meiner kranken Frau und Kind verloren! Schon letztens, als ich bei Ihnen war, wollte ich mein Herz ausleeren, allein ich hatte den Mut nicht. Nur zitternd wage ich es schriftlich... Verzeihen Sie mir um Gottes Willen, verzeihen Sie mir nur!

Konstanze erwartete ihr fünftes Kind und mußte wieder wegen ihres Fußleidens zur Kur nach Baden. Man fürchtete, daß der Knochen angegriffen sei; sie litt furchtbare Schmerzen. Wolfgang besuchte seine Frau, so oft es ging. Es mußte eben sein, und er nahm seine Arbeit mit. Änderungen am ›Figaro‹ waren es. Nach zweijähriger Pause hatte man die Oper endlich wieder aufs Programm gesetzt. Das brachte allerlei Verpflichtungen und Arbeit mit sich – nur Geld brachte es nicht. Bei der ersten Aufführung saß plötzlich nach dem ersten Akt der Kaiser in der Loge. In der Pause ließ er seinen Hofkompositeur rufen. Der Kaiser sah schlecht aus, und Mozart erschrak bei seinem Anblick. Die einst so blitzenden blauen Augen waren trüb und müde, die Wangen eingefallen, ein abgekämpfter Soldat saß da in seinem einfachen weißen Offiziersrock. Wehmütig lächelnd wehrte Joseph die teilnehmende Frage nach seiner Gesundheit ab. »Diese ewigen Kriege«, sagte er nur, »das Leben ist so kurz, und es bleibt so wenig Zeit für das Schöne und wirklich Wichtige...« Ein trockener, qualvoll anzuhörender Husten unterbrach ihn. »Ich hab' mein Volk glücklich machen wollen. Jeder Mensch sollte seine angeborene Freiheit genießen können, aber wer ist schon ›frei‹ – Sie nicht, ich nicht, keiner. Aber ich will Ihnen eine Freud' machen, Mozart, schreiben S' eine neue Oper und schaun S', daß sie wieder so wird wie der ›Figaro‹!«

Damit war Mozart entlassen. Da Ponte wußte schon Bescheid und hatte gleich einen Vorschlag: Da sei in Offizierskreisen kürzlich eine lustige Geschichte passiert, eine richtige Verwandlungskomödie mit zwei Pärchen. Sogar den Titel hatte er gleich bei der Hand: ›Cosi fan tutte‹ – So machen es alle!

Nun, es war nicht gerade das, was Mozart sich ersehnt hatte... ach, man wird schon etwas daraus machen! Aber wovon sollte er leben, bis diese Arbeit fertig war? Da mußte der arme Puchberg wieder herhalten.

Im November wurde den Mozarts das Töchterchen Anna geboren; es blieb nur eine Stunde am Leben. Konstanze war lange Zeit bettlägerig und mehrmals lebensgefährlich krank. In dieser Stimmung sollte Mozart »heiter« komponieren! Im Dezember mußten beschwingte Tanzweisen da sein für den Redoutensaal: 12 Menuette, 12 Deutsche Tänze, ein Kontertanz, ein Marschlied…

Zu Silvester bat Mozart Vater Haydn und Puchberg zu einer kleinen Opernprobe von ›Cosi fan tutte‹ in seine Wohnung. Michael Puchberg sah des Freundes Not und half wieder aus. Auch bei der Generalprobe ging es dem Gönner nicht besser, denn das Honorar war von der Theaterkasse noch nicht eingetroffen. Als die Uraufführung am 26. Januar 1790 stattfand, war die Vorstellung ausverkauft, der Beifall groß, doch des Kaisers Loge stand leer. Joseph II. war schwer krank. Vier Wochen später trug man ihn, Maria Theresias Sohn, in feierlichem Kondukt zur Kapuzinergruft, den pflichteifrigsten, uneigennützigsten Monarchen, der in seiner kurzen selbständigen Regierungszeit von zehn Jahren alles gutmachen wollte, was Generationen von Kaisern und Königen am Volk gesündigt hatten. Es war zuviel, was er sich vorgenommen hatte. Und bei all den menschenfreundlichen Bestrebungen hatte er vergessen, zu sich selber freundlich zu sein. Niemand dankte ihm das – ganz im Gegenteil, man war ihm seiner Reformen wegen böse gewesen.

Seit man im Sommer vorigen Jahres in Paris die Bastille gestürmt hatte, begann es überall im Volk zu gären. Gesetze wurden kritisiert, mißachtet, die Aristokratie angespuckt oder gar geköpft – kurz, an der ganzen alten Weltordnung wurde gerüttelt. Joseph II. hatte dies alles längst vorausgesehen und verhüten wollen. Nun wollte man in Ungarn nicht mehr österreichisch regiert werden und in der Lombardei und in Polen erst recht nicht. In den österreichischen Niederlanden war offener Aufstand, überall roch es nach Aufruhr und Brandfackeln. Es war keine leichte Bürde, die der Lieblingsbruder des Kaisers, Leopold von Toskana, übernahm. Er begann sofort, die Reformen zu reformieren und nahm Personalveränderungen vor, die sich bis in das Kunstleben der Stadt auswirkten. Da Ponte

war einer der ersten, die hinauskomplimentiert wurden
samt dem »Theatergrafen« Rosenberg, und Salieri zog sich
klug von der Operndirektion zurück, um Joseph Weigl das
Feld zu räumen. Mozart trauerte seinem Kaiser nach, der
vielleicht der letzte musikverständige Habsburger war;
aber die Unordnungen, die jeder Regierungswechsel mit
sich bringt, konnten ihm nur recht sein. Er sah seine Zukunft ziemlich rosig. »Nun stehe ich an der Pforte meines
Glücks!« schrieb Mozart an Puchberg und glaubte auf
diese gute Aussicht hin mit dem besten Gewissen wieder
um ein Darlehen bitten zu dürfen. Doch Puchberg wurde
zurückhaltender und schickte diesmal nur 25 Gulden.
Zu allem Überfluß wurde nun auch Mozart krank,
eine schwere Erkältung schwächte ihn. Er litt an Rheuma, Zahn- und Kopfschmerzen, die ihm schlaflose
Nächte bereiteten und das Arbeiten schier unmöglich
machten.

In der Hofkanzlei lag sein Gesuch um die Stellung des
2. Kapellmeisters. Da lag es gut und lange. Immerhin, es
war nicht bei denjenigen Akten, die sofort abgelehnt wurden, das gab berechtigte Hoffnung.

Inzwischen mußte der Familienvater Mozart wieder
Wertsachen ins Leihhaus tragen. Die Dose des Kurfürsten
von Sachsen brachte auch nicht viel ein. »Halbedelsteine«,
murmelte der Schätzer abfällig. Wolfgang kam mit einer
Handvoll Versatzzettel nach Hause. Aber auch diese
Scheine mußte er weiterverpfänden; er geriet Wucherern
in die Hände und sah keinen anderen Ausweg, als Puchberg »zum letzten Mal und im allernotwendigsten Augenblick« um ein Darlehen zu bitten. Puchberg half auch diesmal wieder, zugleich gab er dem Freunde den wohlgemein-
ten Rat, sich einmal energisch nach neuen »Scholaren«
umzusehen. Zwei Schüler hatte er, Süßmayer und Eberl;
aber Süßmayer war selber ein armer Teufel und verdiente
sich seine Stunden mit Kopieren bei Mozart ab. Oh, wie
hatte Mozart zeitlebens das Stundengeben gehaßt, und
jetzt brauchte er dringend mindestens acht Schüler, um
leben und in Ruhe arbeiten zu können! Die Quartette und

Sonaten hatte er angefangen, war aber nicht imstande, sie fertigzumachen.

Als Wolfgang seine Frau im Juni wieder nach Baden brachte, blieb er aus Sparsamkeit gleich bei ihr. In Wien rief ja doch niemand nach ihm. Wie schön war es da in Baden, eine Freundesseele zu finden in dem Chorregenten Anton Stoll, der am Sonntag in der Stadtpfarrkirche eine Mozartmesse leitete.

Ob die bevorstehende Serienhochzeit bei Hof eine Aussicht für Mozart hatte? Kurz vor Kaiser Josephs Tod war die junge Elisabeth von Württemberg im Wochenbett gestorben, und nun mußte für den Erzherzog Franz eine neue Gemahlin gesucht werden. Sie fand sich in Marie Therese von Neapel. Gleichzeitig wurde deren Schwester Luise-Marie dem Erzherzog Ferdinand angetraut, und der Kronprinz von Neapel bekam die Kaisertochter Maria-Clementine – eine Dreierhochzeit! Da würde man wohl eine Menge Musik benötigen, um alles festlich genug zu gestalten, sollte man meinen.

Aber man übersah Mozart auch bei dieser Gelegenheit. Die Tafelmusik leitete Salieri, dann kam eine Symphonie Haydns, der ein erklärter Liebling des Königs von Neapel war. Die Festoper am 20. September war von Salieri, und am Tag der Ankunft gab es zur Begrüßung eine Weigl-Oper im Burgtheater. Hinzu kam noch die Ablehnung von Mozarts Gesuch um die 2. Kapellmeisterstelle.

Der neue Kaiser brauchte Mozart nicht.

Auf eigene Faust

Als der Übersehene eines Tages seinen Entschluß aussprach, nach Frankfurt zur Kaiserkrönung zu fahren, da erhob sich ein solcher Schwall von Reden und Gegenreden im abendlichen Familien- und Freundeskreise, daß Mozart vom Tisch aufstand und lachend sagte: »Mein Urgroßvater pflegte seiner Frau, meiner Urgroßmutter, diese ihrer Tochter, meiner Großmutter, diese wiederum ihrer Tochter, meiner Mutter, und diese abermals ihrer Tochter, meiner Schwester, zu sagen, daß es eine große Kunst sei, wohl und schön zu reden, aber vielleicht eine nicht minder große, zur rechten Zeit wieder aufzuhören. Habt's verstanden?«

»Was will er denn dort in Frankfurt?« rief Aloysia.

Sophie gab Wolfgang recht. »Man hat ihn einfach vergessen. Das ist doch kränkend. Die Hofkapelle fährt in den Wagen des kaiserlichen Marstalls großartig hin – mit fünfzehn Mann und zwei Kapellmeistern, und der Salieri ist natürlich dabei.« Josefa stöhnte: »Auf dem Programm steht Wranitzkys ›Oberon‹ und natürlich mal wieder Salieris ›Azur‹, und was den kirchlichen Teil betrifft, so wird er von Righini bestritten.«

»Alsdann…« sagte Aloysia, die Langin, »damit ist doch der Bedarf an Musik eigentlich gedeckt – schließlich gibt's doch bei einer Krönung auch noch etwas anderes zu tun!«

Jacquin aber beruhigte die Frauen. »Laßt ihn fahr'n! Was kann schon passier'n? Hat er nicht in Prag mit einem einzigen Konzert 1000 Gulden verdient?«

»Frankfurt ist nicht Prag«, seufzte Konstanze, doch auch Schwager Lange war optimistisch. »Schau, Stanzi, selbst wenn ihn der neue Kaiser samt Gemahlin übersieht, dann ist doch immer noch des Kaisers Bruder, sein alter Gönner und Musikfreund Maximilian da! Als Kurfürst von Bonn und Bischof von Köln wird er ja auch einiges zu sagen haben, und überall trifft er auf gute Bekannte von früher. Schließlich kommt doch jetzt die ganze große Welt in Frankfurt zusammen. Er hat schon recht, wenn er sich nicht einfach so auf d' Seiten schieben läßt.«

»Aber allein soll er net fahr'n!« meinte Konstanze. »Ich kann doch diesmal nicht mit, und er braucht jemand, der für ihn sorgt – er ist doch so ung'schickt… der Hofer soll mitfahrn, der war auf der Prager Reise auch so nützlich.«

Ja, Wien wurde leer. Alles, was Rang, Namen oder sonstwie Bedeutung hatte, mußte in Frankfurt dabei sein. Seit 1562 war die Mainstadt die Krönungsstadt der deutschen Kaiser. Vor fünfundzwanzig Jahren war Joseph II. dort gekrönt worden, und jetzt sollte seinem jüngerem Bruder Leopold die Krone aufgesetzt werden – ein Weltereignis!

Mozart wollte unter allen Umständen auch dabei sein. Ihn hatte der Mut und die Wut der Verzweiflung gepackt. Sollten die anderen, die ihr Reisegut hätten zahlen können, ruhig auf Staatskosten fahren. Er hatte schließlich auch seinen Stolz, holte nun auch das letzte Silberzeug zusammen, um es zu versetzen, und fuhr in eigener Kutsche auf eigene Faust mit Schwager Hofer zur Krönung nach Frankfurt. Sicher würde man dort froh sein, durch seine Musik von den nervös-trüben Gedanken an Politik und Weltgeschehen abgelenkt zu werden.

Und hatte er nicht berechtigte Hoffnung, nach seiner Rückkehr finanzielle Hilfe durch einen Verleger zu erhalten?

Der Wagen fuhr so leicht und rasch dahin. Die Gedanken der beiden Reisenden waren voller Zuversicht und Abenteuerlust. In Eferding wurde gut übernachtet, in Regensburg mit göttlicher Tafelmusik prächtig zu Mittag gespeist, wieder eine Nacht gerastet, in Nürnberg gefrühstückt und im schönen Würzburg eine Pause gemacht, um den Magen mit einem guten Kaffee zu stärken. In Aschaffenburg wurden sie zwar erbärmlich »geschnürt«, aber nach zwei weiteren Tagen langte man in Frankfurts Vorstadt Sachsenhausen am linken Ufer des Mains an, wo sie gerade noch ein Quartier bekamen.

Dort waren sie gleich in bester Gesellschaft – lauter Künstler und sogar ein Theaterdirektor, den Mozart von früher her kannte. Alles ließ sich ganz gut an. Freudig durfte er an Konstanze schreiben:

...Dienstag gibt die kurmainzische Schauspielergesellschaft mir zu Ehren den Don Giovanni. Nun bin ich fest entschlossen, mein Sach' so gut wie möglich zu machen,

und freue mich dann herzlich wieder zu Dir! Welch herr-
liches Leben wollen wir führen! Ich will arbeiten, so arbei-
ten, damit ich durch unvermutete Zufälle nicht wieder in
eine so fatale Lage komme.

Nun, würde man vom Nur-Arbeiten reich, dann hätte es
Mozart noch nie an Geld gefehlt. Auch jetzt saß er nicht
da und wartete, bis er gerufen würde. Er schrieb an dem
Adagio und Allegro für eine Orgelwalze, und während am
anderen Ufer des Mains im schönen, altehrwürdigen
Frankfurt der Trubel anfing, blieb er den ganzen Tag in
seinem stillen Zimmer und komponierte. Es fiel ihm schwer,
aber er meinte zu Hofer: »Ich muß doch meinem Weibchen
etwelche Dukaten in die Hände spielen!« Abends ging er
ins Theater, wo erstaunlich viel Bekannte zu treffen waren,
aus Wien, aus München, Mannheim und sogar aus Salzburg. Alle freuten sich, ihn wiederzusehen, alle waren nett
zu ihm – aber alles ließ ihn kalt, eiskalt, weil Konstanze
nicht dabei war. Er hatte ein so leeres Gefühl, daß er sich
ganz verloren vorkam inmitten aller Menschen, und obwohl Hofer bei ihm war, hätte er sich am liebsten ganz
zurückgezogen. Doch man holte ihn.

Am 2. Oktober speiste und musizierte Mozart beim reichsten Kaufmann von Frankfurt. Am 4. Oktober war der feierliche Einzug Leopolds und acht Tage später das großartige Fest der Krönung. Für Mozart aber kam am 5. Oktober die erste Enttäuschung, denn statt des geplanten ›Don Giovanni‹ gab man ›Die Liebe im Narrenhaus‹ von Dittersdorf. Allerdings wurde dafür am 12. Oktober ›Die Entführung‹ gespielt, doch die Theaterlustigen waren am Vorabend bereits in Ifflands ›Friedrich von Österreich‹ gewesen, und so war die Oper ziemlich schwach besucht.

Erst am 15. Oktober, als die meisten und wichtigsten Festgäste abgereist waren, fand Mozarts Konzert statt. Er ließ eine seiner neuen Symphonien und zwei Klavierkonzerte hören. Das Notenblatt, nach dem er spielte, sah höchst merkwürdig aus. Mozart hatte, seit das Stehlen von Kompositionen so überhand nahm, einige Berufskniffe dazugelernt. Das Blatt enthielt nichts als einen bezifferten Baß mit dem darüber ausgeschriebenen Hauptgedanken, während die Figuren und Passagen nur lose skizziert waren. Er selber kannte seine Arbeit und hatte ein unübertreffliches Gedächtnis. Nach einigen Gesangsnummern phantasierte er wieder aus dem Stegreif, und Margarethe Schick, die Mozart schon als Blondchen in seiner ›Entführung‹ und beim Krönungs-Hochamt gehört hatte, gefiel auch hier mit ihrer Lebhaftigkeit und ihrer treffsicheren, großen Stimme, Beifall gab es genug, aber die Einnahmen waren mager.

Als Mozart wieder nach Hause schrieb, fiel manche Träne aufs Papier, mehr aus Sehnsucht als aus Enttäuschung, und am Schluß stand:

Wenn du nur in mein Herz sehen könntest! Da kämpft der Wunsch, die Sehnsucht, Dich wiederzusehen und zu umarmen, mit dem Wunsch, viel Geld nach Hause zu bringen. – Da hatt' ich schon oft den Gedanken, noch weiter zu reisen. Wenn ich mich dann so zwang, diesen Entschluß zu fassen, so fiel mir dann wieder ein, wie es mich reuen würde, wenn ich mich so auf ungewiß, vielleicht gar fruchtlos, so lange von meiner lieben Gattin getrennt hätte.

*– Mir ist so, als wenn ich schon jahrelang von Dir wäre.
– Glaube mir, meine Liebe, wenn Du bei mir wärest, so
würde ich mich vielleicht leichter dazu entschließen können. – Allein, ich bin Dich zu sehr gewöhnt und liebe Dich
zu sehr, als daß ich lange von Dir getrennt sein könnte!*

Am 16. Oktober reiste Mozart ab. Sein nächstes Ziel war
Mainz, und es brachte ihm mehr Freude. Dort hatte sich,
fast wie in Prag, schon seit langem eine begeisterte Mozart-
gemeinde zusammengefunden. Man hatte in den vergangenen Jahren die ›Entführung‹, die ›Gärtnerin aus Liebe‹
und den ›Don Giovanni‹ – diesen zum erstenmal in deutscher Sprache – aufgeführt und war nun überglücklich,
daß der verehrte Salzburger Meister bereit war, im
Akademiesaal des kurfürstlichen Schlosses ein Konzert zu
geben.

Auch Mannheim schien nur auf Mozart gewartet zu haben. Man war gerade dabei, im Deutschen Komödienhaus
den ›Figaro‹ herauszubringen. Welch ein glücklicher Zufall,
daß der Komponist bei den letzten Proben mitwirken
konnte! Daß es ihm ein Herzensbedürfnis war, bewies die
Gründlichkeit, mit der er ans Werk ging, und es wurde eine
herrliche Aufführung. Auch mit dem märchenhaften
Schloßpark in Schwetzingen feierte Mozart Wiedersehen.
Hier hatte er als Bub den berühmten italienischen Zaube-
rer auf der Geige, Pietro Nardini, hören dürfen. Hier hatte
er selbst mit der Nannerl vor der erlauchten Hofgesell-
schaft des pfälzischen Kurfürsten konzertiert und war als
Wunderkind gefeiert worden. War's nicht erst gestern gewesen? Oder war's schon eine Ewigkeit her? Der alte flö-
tenspielende Pan saß immer noch dort auf seinem Felsen.
Er schien ihm zuzulächeln. »Geh du nur weiter deinen Weg
– Wolfgang Amadeus! So einer wie du geht nicht unter.«
Und Mozart reiste weiter über Bruchsal, Cannstatt, Göp-
pingen, Ulm und Augsburg, die Geburtsstadt seines Vaters
und des lustigen Bäsle; aber er besuchte sie nicht – es war
besser so, denn ihre Wege waren auseinander gegangen.

Nur in München, der bayrischen Residenzstadt, die er so

sehr liebte und die ihn immer fröhlich machte, kehrte er ein und wohnte wieder im »Schwarzen Adler« in der Kaufingerstraße. Schnell mußte er sie alle noch einmal begrüßen, die guten Freunde von einst: Cannabichs, Marchands und den guten Ramm. Natürlich wurde musiziert und viel von Konstanze, aber auch von Vater Leopold und Nannerl gesprochen, und als Mozart gerade abreisen wollte, ergab sich ganz unerwartet die Gelegenheit zu einem kleinen Hofkonzert beim Kurfürsten Karl Theodor. Ja, es war fast nicht zu glauben, hier in München holte man Mozart, er solle vor dem König von Neapel spielen, was er in Wien vergeblich erhofft hatte! Aber dann trieb ihn die Sehnsucht heimwärts. Endlich, am 10. November, konnte Wolfgang seine Konstanze wieder in die Arme schließen. Alles würde gut werden.

Der Vogelfänger

Kurz vor Mozarts Abreise nach Frankfurt war man wieder einmal umgezogen. Wie oft noch? Die Notwendigkeit, Stunden zu geben und Hauskonzerte zu veranstalten, hatten die gemütliche Vorstadtwohnung in der Währingerstraße unmöglich gemacht, und nun wohnten Mozarts wieder in der nächsten Nachbarschaft des Stephansdomes, in der Rauhensteingasse. An die ständigen Veränderungen im Leben war man ja gewöhnt, auch das Auf und Ab der geldlichen Verhältnisse wurde zur Selbstverständlichkeit. Konstanze war nicht die Frau, der so etwas die Laune verdorben hätte – sie kannte es von Kindheit an nicht anders und jammerte nicht, wenn die Kasse oft leer war. Um so größer war das Glück, wenn einmal wieder ein nennenswerter Verdienst in Aussicht stand.

So war es nach Wolfgangs Rückkehr von seiner Frankfurter Reise, die wieder einmal so viel gekostet und so wenig eingebracht hatte. Da kam wie ein warmer Sonnenstrahl ein Brief, ein Brief aus England. Die Freunde O'Kelly und Storace hatten da wohl für ihren Mozart an entsprechenden Stellen geworben. Der Plan einer Reise nach England hatte sich herumgesprochen. Wahrhaftig, es war O'Reilly, Londons höchster Operndirektor, der sich an Mozart wandte, ihm ohne Umschweife den Platz eines gutbezahlten Komponisten anbot und sein Schreiben mit den durchaus ernstzunehmenden Worten schloß: »....wenn Sie also in der Lage sind, sich Ende des kommenden Dezembers 1790 hier einzufinden und bis Ende Juni 1791 zu bleiben und während dieser Zeit mindestens zwei ernste oder komische Opern nach Wahl der Direktion zu komponieren, biete ich Ihnen 300 Pfund Sterling mit dem Vorteil, für das Professionalkonzert oder irgendeinen anderen Saal, mit Ausnahme der anderen Theater, Kompositionen zu schreiben...«

»Stanzi, hast du das g'hört? Stanzi, da ist es, das Glück! Alle Not hat ein Ende, denn das weiß ich schon – eines zieht das andere nach sich. Stanzi, 300 Pfund Sterling ist ein Vermögen, da können wir ohne Sorgen leben und endlich unsere Schulden zahlen!« rief Wolfgang. Er tanzte in der Stube herum, hob seinen kleinen Carl, der jetzt schon sechs Jahre alt war und lange Beine hatte, hoch in die Luft, machte Bocksprünge über sämtliche Sessel und klappte den Klavierdeckel hoch, um ein paar wilde Akkorde zu hämmern.

»Wann hast du g'sagt, daß die Reise losgehn sollt'?« fragte Konstanze nach einer Weile. Das wußte Wolfgang schon nicht mehr, er mußte erst den Brief wieder auseinanderfalten und vorlesen... »Ende des kommenden Dezembers...« Das war ja bereits in vier Wochen! Konstanze sah ihn fragend an. »Ja, aber das geht doch net – du hast doch hier Verpflichtungen...!«

Allerdings, Verpflichtungen – so verlockend alles war, aber so von heute auf morgen konnte Mozart unmöglich fort. Nun hatte man ihm ein paar Schüler und Kompositionsaufträge verschafft, um ihm zu helfen, auch mußte der Herr Hofkompositeur wieder neue Tänze für den kommenden Karneval schreiben... Nein, es ließ sich beim besten Willen nicht einrichten. Schade, sehr schade! Aber sicher ließ sich das Angebot auf nächstes Jahr verschieben.

Es war immerhin erfrischend zu erfahren, daß man doch internationale Bedeutung hatte. Ja, noch ein anderer war bereit, mit Mozart einen Vertrag abzuschließen: Johann Peter Salomon, ein gebürtiger Bonner, der eine Konzertagentur in London besaß. Er hatte es soeben fertiggebracht, den 58jährigen Joseph Haydn, der noch nie in seinem Leben eine größere Reise gemacht hatte, zu einer Tournee nach England zu verpflichten. Der nächste sollte Mozart sein. Also hatte er sogar die Auswahl, welchen Vertrag er im nächsten Jahr abschließen wollte.

Mozart war nicht traurig, daß es diesmal noch nichts wurde mit London; so etwas muß ohnehin in Ruhe vorbereitet werden. Etwas anderes stimmte ihn traurig – der Abschied von Haydn, dem einzigen, bei dem Mozart das Gefühl hatte, daß er ihn musikalisch ganz und gar verstand. Auch machte er sich ehrliche Sorgen um diesen wagemutigen Plan des reiseunerfahrenen väterlichen Freundes. Mozart wußte, was solch eine Tournee, noch dazu im Winter, mit sich brachte, und schließlich – Haydn konnte kein Wort Englisch. Haydn schlug alle Warnungen lachend in den Wind, und als sie beide zusammen beim Abschied vor der Kutsche standen, die den väterlichen Freund auf lange Zeit entführen sollte, wurden Wolfgang die Augen feucht.

»Ach, ich fürcht' – wir werden uns das letzte Lebewohl sagen...« meinte er nur.

Nach Hause gekommen, fand Wolfgang einen Besuch in seinem Zimmer vor, genau den richtigen, um Wehmut und Trübsal aus dem Herzen zu blasen. Es war Emanuel Schikaneder, der, mit seiner kaiserlichen Lizenz in der Tasche, seit einem Jahr Theaterdirektor in Wien war. Er hatte das bankrott gegangene Freihaustheater übernommen, in dem eine Zeitlang seine Frau mit ihrer Truppe für sich gespielt hatte. Nach einer klugen Versöhnung schafften sie nun

wieder zusammen. Und Schikaneder legte sich, schier plat-
zend vor Unternehmungslust, ins Geschirr.

Immer hatte er den Kopf voller Ideen und offenbar
auch die Taschen wieder voll Geld. Jedenfalls verschwand
Konstanze mit einem Korb Delikatessen in die Küche, um
daraus ein köstliches Nachtmahl zu bereiten. Diese Herrlichkeiten hatte Emanuel mitgebracht und etliche Flaschen
Champagner dazu, denn er hatte etwas zu besprechen mit
Freund Wolfgang.

Der sah ihn vorläufig nur von hinten, denn Emanuel saß
am Klavier und spielte mit einem Finger eine simple, aber
lustige Melodie. Sie war so einfach, daß der kleine Carl,
der dem feinen Onkel auf dem Schoß saß, vergnügt und
richtig mitsang:

> *Der Vogelfänger bin ich ja –*
> *Stets lustig – heisa, hopsassa!*

»Schön«, sagte Wolfgang, »das klingt wie eine Volksmelodie oder ist es selbstg'macht?«

»Nicht ganz...« gestand Schikaneder, »ich hab' da
einmal in Schwaben das Lied eines Vogelstellers gehört
– das geht mir nicht aus dem Kopf.«

»Bist ja auch selber so ein Vogelfänger, bloß daß deine
Vögel Menschen sind...« spöttelte Mozart, »ich ahn'
schon was, jetzt willst mich wieder fangen für irgendeine
blöde Kasperloper – hab' ich recht?«

Da sprang Emanuel auf und packte den kleinen Mann
bei den Schultern: »Nix Kasperloper, aber denk amal
nach, was haben wir damals schon immer g'sagt, wie du die
Musikeinlagen für dem Gebler seinen ›Thamos, König von
Ägypten‹ g'macht hast? Eine Oper gäb' das – eine opera
grandiosa – aber eine deutsche! Endlich einmal eine deutsche! Seit damals schlepp' ich die Idee mit mir herum
– heiliger Strohsack, Wolfgang Amadé, hock dich nieder
und hör mir zu und red mir nicht immer dazwischen!«
Mozart, der kein Wort gesagt hatte, ließ Schikaneders
Mundwerk laufen, nickte ein paarmal zustimmend oder
lächelte ein wenig zweifelnd.

Und Schikaneder begann: »In Thamos beschützt der weise Oberpriester Sethos im Sonnentempel die Liebe des Prinzen Thamos und der Prinzessin Tharis gegen eine Verschwörung, Kampf zwischen Nacht und Licht – die Prüfungen, durch die beide Liebenden gehn müssen – Feuer und Wasser – Höllenqualen, durch die Bürde des Schweigens erhöht – endlicher Sieg der Großmut und Selbstlosigkeit. Wolferl, hörst auch zu? Das sind Motive, für die eine ganz große Musik geschrieben werden muß! Ich hab' da so meine Gedanken. Du kennst doch Wranitzkys ›Oberon‹? Ich hab' ihn im Freihaustheater gegeben. Mein Gott, du hättest ihn nicht in Frankfurt sehen sollen, sondern bei mir – mit Annerl Gottlieb als Prinzessin Amanda!« Schikaneder küßte seine eigenen Fingerspitzen in verzückter Erinnerung. »Wolfgang! Das Annerl muß auch unsere Prinzessin singen, ganz Wien wird narrisch werden vor Begeisterung.«

»Was heißt ›unsere Prinzessin‹!« wagte Mozart schüchtern zu fragen.

»Ach so, das weißt du ja noch gar nicht. Also ein wenig vom Oberon müssen wir stibitzen für unser Stück, und dann hab' ich dir ein Buch mitgebracht. Wielands Märchensammlung ›Dschinnistan‹… Ich hab' da so allerhand angestrichen – fast aus jedem Märchen kann man was verwenden. Da gibt's eine ›nächtlich sternflammende Königin‹… Wolfgang! Ich hör' schon deine Musik dazu! Da ist das Bildnis des Mädchens, das den Jüngling berauscht und ihm die Kraft zu ihrer Rettung verleiht – da sind die drei Knaben, die den Prinzen ermahnen, standhaft, duldsam und verschwiegen zu sein – das letzte der Märchen heißt ›Lulu oder die Zauberflöte‹… Zauberflöte! – hörst du, Wolfgang… das wär' doch ein Titel!«

»Endlich eine Zauberoper!« seufzte Wolfgang spöttisch.

»Eine Märchenoper, wenn dir das besser gefällt!« verteidigte sich Schikaneder.

»Also Märchenoper… und wo ist der Kasperl, der diesen Stoff für dein Vorstadtpublikum schmackhaft macht?«

»Das ist es ja«, jubelte Schikaneder, »mein Kasperl hat Federn!«

»Federn!« schrie Mozart und griff sich an den Kopf, aber gleich wurde ihm manches klar, als Emanuel aufsprang und seltsam tanzend noch einmal das Vogelfängerlied sang: »Der Vogelfänger bin ich ja...«

»Ein Urgeschöpf, selbst halb zum Vogel geworden bei seiner Tätigkeit – naiv, aber schlau, gefräßig, gutmütig, verliebt, aber feig, mit einem Gesicht wie ein Papagei... ah, er muß einen komischen Namen haben, den man gut komponieren kann.« Mozart saß schon am Klavier und holte aus der einfachen Volksmelodie etwas Besonderes heraus... »Papageno«, sagte er plötzlich, »und ein Weibchen muß er haben, auch mit Federn, das heißt Papagena! Emanuel, wir wollen's probieren, aber wenn mir ein Malheur passiert, ich kann nix dafür – ich hab' noch keine Zauberoper g'schrieben.«

Das Freihaustheater

Am Nikolaustag hatte der kleine Carl einen großen Krampus aus süßem Semmelteig vom Bäcker geschenkt bekommen. Er kaute auf beiden Backen, als er heimkam: »Gell, Papa – der Krampus ist ein Teufel?« »Ja, das siehst doch daran, daß er einen langen Schwanz hat und Hörner und eine rote Zung', die ihm 'raushängt, und eine Kette, zum böse Buben fangen... am g'scheitesten ist's, wir essen ihn gleich auf!« So wurde denn der arme gebackene Krampus geviertelt, und jetzt wußte man eigentlich erst so richtig, daß bald Weihnachten war. Es hörte nicht auf, im Haus nach Pfeffernüssen, Vanillekipferln und Lebkuchen zu duften, und abends sang man Weihnachtslieder. Immer ist etwas Erwartungsvolles in diesen Wochen, ein stilles Verhalten, aber auch ein freudiges Rüsten, eine fruchtbare Zeit für gute Gedanken, die dann nach dem Wirbel der Festtage mit dem wachsenden Sonnenlicht zum Vorschein kommen.

Mozart hatte seine großen Opernpläne auch ein wenig beiseite gelegt und mußte daran denken, für seine geplanten Akademien des nächsten Jahres neue Stücke zu komponieren. Tänze mußten geschrieben werden, Menuette und Ländler. Im Januar konnte er seinen Freunden als erstes sein neues, wundervolles Klavierkonzert in B-Dur vorspielen. Dann bestellte er Hofer mit seiner Geige und einige Freunde, um das ›Streichquartett in D-Dur‹ und das in Es-Dur hören zu lassen. Klingen da nicht schon Vogelstimmen auf, als sei der Frühling nicht mehr fern?

Ja, für Mozart, den stets ein wenig Frierenden wär's Zeit, daß Frühling würde, so sehr er den Winter und den Rauhreif liebte. Mozart fühlte sich nicht wohl. Oft kannte er sich selber nicht wieder. Wo war seine fröhliche Spannkraft, seine unermüdliche Arbeitsfreude? Tiefe Erschöpfung ergriff ihn manchmal, und der Gedanke an den Tod wollte ihn oft nicht loslassen. Einmal sprach er zu Konstanze davon, aber sie lachte ihn einfach aus. Das tat ihm wohl und stimmte ihn wieder zuversichtlich. Ja, es war gut, Konstanze zu haben, ein lachendes Geschöpf, das unverdrossen an das Leben glaubte... Konstanze und den Carli, sein Kind, mit dem man selbstvergessen spielen konnte. Bald durften sie wieder miteinander in den Prater gehen. Die Verse des Magisters Christian Adolf Overbeck waren sehr bekannt geworden, und Mozart komponierte eine einprägsame Melodie dazu. Wie freute er sich, als er schon kurz darauf aus der Küche mit hellen Stimmen gesungen hörte:

Komm, lieber Mai und mache die Bäume wieder grün
Und laß uns an dem Bache die Veilchen wieder blühn.

Dem Carli gefiel die zweite Strophe am besten:

Zwar Wintertage haben wohl auch der Freude viel,
Man kann im Schnee eins traben und treibt manch
Abendspiel,
Baut Häuserchen aus Karten, spielt Blindekuh und
Pfand
Auch gibt's wohl Schlittenfahrten aufs liebe freie
Land

Aber dann sang Konstanze um so inniger:

Ach, wenn's doch erst gelinder und grüner draußen wär!
Komm, lieber Mai, wir Kinder – wir bitten gar zu sehr!
O komm und bring vor allem uns viele Veilchen mit,
Bring auch viel Nachtigallen und schöne Kuckucks mit!

Inzwischen war man mit dem Textbuch zur ›Zauberflöte‹ nach vielen Überlegungen gut vorangekommen, und Mozart schrieb wieder für Schikaneder. Sie hatten auch schon die Rollen an die vorhandenen Schauspieler verteilt. Schikaneder hatte zum Glück in seinem Theater nur erstklassige Kräfte, ein vortreffliches Orchester und Akteure, die nicht nur Stimme hatten, sondern auch lebendig darstellen konnten, da er ja auf seiner Bühne nicht nur Opern und Singspiele, sondern auch Schauspiele brachte.

Aus Thamos war nun Tamino geworden, aus Tharis die Pamina, aus Sethos wurde Sarastro – und eines war sicher, Annerl Gottlieb mußte die Pamina singen! Das Ganze jedoch ergab keine so einfache Zusammenarbeit wie mit da Ponte, der jetzt in England weilte. Der war ein wirklicher Poet von Geschmack und feinster Einfühlung. Im Vergleich zu ihm war Schikaneder nur ein Verseschmied, der aber seine Sache als Theatermann unübertrefflich gut verstand. Dabei kam es ihm nicht darauf an, mitten im Stück, als Mozart bereits die Hälfte komponiert hatte, alles auf den Kopf zu stellen. Gut und Böse zu verkehren und das Ganze mit Versen glaubhaft zu machen, die teils naiv belehrend, teils komisch hochtrabend waren. Sarastro, ursprünglich als Bösewicht geschildert, der wahrhaft furchterregend mit einem Gespann von sechs Löwen auf die Bühne zu brausen hatte, verwandelte sich nun in den Genius des Lichts, in einen Weisen von göttlicher Güte! Vielleicht ist seine Baßstimme noch ein Zeichen, daß er ursprünglich den Geist der Unterwelt vertreten sollte. Jetzt aber trägt er das Symbol des Sonnenkreises auf seiner Brust.

Schließlich stand alles so da, als könnte es gar nicht anders sein, und mit Mozarts Musik und Schikaneders geschmeidiger Bühnenpraxis fügte sich dieses traumhafte Märchenstück, das in unbekannten Ländern spielt, aber die ewig gültigen Menschheitsideale zum Inhalt hat, doch zu einem geschlossenen Ganzen und wurde zu einer Oper ohnegleichen.

Mozart lebte so sehr in seinem neuen Werk, daß er nicht böse war über den Plan, Konstanze wieder nach Baden zu schicken. Sie erwartete ihr sechstes Kind und war recht erholungsbedürftig. Mochte der Himmel wissen, wovon man das bezahlen sollte, aber irgendwie würde schon Rat werden. Man wollte den Kuraufenthalt diesmal billiger gestalten. Der gute Chorregent Stoll von der Badener Pfarrkirche besorgte eine kleine Wohnung, in der Konstanze wirtschaften und den kleinen Carl bei sich haben konnte. Als hilfreicher Geist wurde den beiden der Schüler Süßmayer mitgegeben, der die neuen Seiten der Zauberflötenpartitur abschreiben sollte, die Mozart mitbrachte, wenn er an den Sonntagen zur Familie hinausfuhr. Auf diese Weise war für die nötige Arbeitsruhe an den kommenden Wochentagen gesorgt, und dem Ehemann und Vater Wolfgang wurde es ordentlich leichter ums Herz, als er Frau und Kind fortgebracht hatte und abends in seine leere Wohnung trat. Auch die Lorl hatte man aus Ersparnisgründen in Urlaub geschickt, und sie hatte ihrem Herrn nur noch ein Tablett mit dem Nachtessen in der Küche bereitgestellt. Er war es doch nicht gewohnt, für sich selbst zu sorgen!

Hm – zwei hartgesottene Eier, etwas gekochter Schinken, aufgeschnittene Salami, Käse und Brot und eine bereits entkorkte Flasche Gumpoldskirchner. Mit etwas Herzklopfen, aber ohne Scherben zu machen, trug der Strohwitwer die Schätze ins Zimmer und brauchte dann lange, bis er ein Weinglas und das Besteck gefunden hatte. Das Tischtuch von gestern aber, das fand er nicht – es war noch ganz sauber gewesen – schade, so mußte er ein frisches nehmen, ein »schneeblümerlweißes«, es wurde ihm ganz feierlich dabei. So mußte auch noch der doppelte Leuchter mit den duftenden Wachskerzen her, damit alles zusammenpaßte.

Wolfgang ließ es sich schmecken. Dies alles wollte er seiner Stanzi schreiben – jeden Tag sollte sie Post bekommen und er hoffentlich auch. In diesem beruhigenden Gedanken setzte er sich an seine Arbeit und schrieb bis in den hellen Morgen hinein. Dann ging er zu Bett, schrieb noch seiner Konstanze ein paar Zeilen und schickte ihr »2999 und ein halbes Busserl« nach Baden, und ehe er einschlief, schaute er noch zärtlich ihr Bild an und sagte ihr ganz leis etwas ins Ohr...

Aber als er gegen Mittag aufwachte, hatte niemand das Geschirr weggeräumt, die Vorhänge aufgezogen und gelüftet. Wohl hatte man ihm genau erklärt, wie man sich

einen Kaffee selbst zubereitet, aber das war doch ein gewagtes Unternehmen so allein. Da ging er lieber ins Kaffeehaus, bestellte Melange und zwei Kipferl, und hernach ging er sofort ins Freihaus zum Schikaneder. Was sollte er auch zu Hause – da war ja niemand!

Im Freihaus war immer wer. Dieses weitläufige Gebäude mit seinen 225 Wohnungen und sechs großen Höfen, mit seinen zahlreichen Läden und Handwerksstätten hatte sogar eine kleine eigene Kirche, die Rosalienkapelle, eine Bäckerei und Wäscherei, eine Ölpresse, eine Apotheke, eine Gastwirtschaft und eine Mühle, die aus einem vom Wienfluß abgeleiteten Bach betrieben wurde, und nicht zuletzt – ein eigenes Theater. Es schien eine kleine Stadt für sich zu sein und hieß das Starhembergsche Freihaus, weil es einst als Landgut der gräflichen Familie Starhemberg vom Kaiser für steuerfrei erklärt worden war. Die kleine Stadt hatte nun die verschiedenartigsten Einwohner. Mitten unter den Handwerkern, Bürgern und Kaufleuten wohnte dicht neben seiner Wirkungsstätte auch Theaterdirektor Emanuel Schikaneder mit einem großen Teil seiner Künstler und Bühnenarbeiter. So war eine richtige Theaterfamilie beisammen, die von Schikaneder, als ihrem Vater und Brotherrn, mit fester Hand geleitet wurde. Er hatte seine Erfahrungen und kannte die menschlichen Schwächen – darum ließ er die Mitglieder seiner Truppe auf ein selbstverfaßtes Gesetz schwören, das jede Spionage oder das vorzeitige Ausplaudern von neuen Theaterplänen strafbar machte und den Verlust des Engagements zur Folge hatte. Unkameradschaftlichkeit und Unpünktlichkeit wurden mit Geldstrafen belegt, die genau nach der versäumten Minutenzahl berechnet wurden. Der Herr Direktor war von der Strenge seiner eigenen Gesetze nicht ausgenommen. Er mußte, genau wie die anderen, für seine Übertretungen Strafe bezahlen, die ein wöchentlich neu gewählter Ordnungsmann über ihn verhängte.

Als Mozart nun an diesem ersten einsamen Tag seiner Strohwitwerzeit auf die Wieden wanderte, da begegnete ihm Annerl Gottlieb, die auch ins Theater wollte. Sie gingen nun vergnügt zusammen durchs Kärntnertor, über den Stadtgraben, das Glacis und die Wienbrücke. Es war eine sehr ländliche Gegend hier an den Ufern der Wien, wo die Pferde getränkt wurden und die Wäscherinnen ihre Wäsche spülten. Stets wehte ein frischer Wind über die freie Landschaft, die Mühlräder klapperten, und die Bäume standen alle ein wenig schief. Annerl band sich unwillkürlich ihre Locken mit dem seidenen Halstuch fest und sah ihren Begleiter ein wenig besorgt von der Seite an. »Was schaust so g'schpaßig, Annerl?« fragte Mozart.

»Ich – ich hab' manchmal Angst um Sie, Mozart. Gar so blaß sind S' in letzter Zeit...« Der aber lachte und legte den Arm um ihre Mädchenschultern: »So ein Schmarrn! Ich war doch allerweil blaß – ein Wunderkind halt, die sind immer blaß.« Unter den bunten Schirmen des Obstmarktes kauften sie sich eine Tüte süßer Aprikosen und gingen dann durch einen niedrigen gewölbten Eingang des Freihauses hinein, in den größten der sechs Freihaushöfe. Die eine Breitseite des Hofes nahm das Theater ein. Dieser provisorische Holzbau war dreißig Meter lang und fünfzehn Meter breit, hatte erstes und zweites Parterre, zwei

Reihen Logen, zwei Galerien und Platz für immerhin tausend Zuschauer.

Annerl und Wolfgang gingen nun quer über den Hof, der mit seinen hübschen Blumenbeeten und Baumreihen mehr einem Schloßgarten glich, hinüber zur Gastwirtschaft. Tische und Bänke standen im Freien, und man merkte schon von weitem, daß Schikaneder wieder eine Besprechung hatte.

»Meine lieben Kinder...« hörte man ihn laut sagen, aber da entdeckte er seine beiden Lieblinge. »Da kommt er grad selber. Und ich kann ihm gleich erzählen, was wir uns ausgedacht haben, mein lieber Wolfgang, weil du jetzt allein bist und das Alleinsein dir bekanntermaßen nicht guttut. Um möglichst eng zusammenarbeiten zu können, hab' ich dir unser Gartenhäusl dort drüben neben dem Springbrunnen zum Komponieren eingerichtet. Da hast du die nötige Ruh', essen kannst du hier im Gasthaus, und proben können wir frisch vom Blatt weg. Ja?«

Wolfgang sah hinüber zu dem gemütlichen kleinen Salettl, sah auch, daß man schneeweiße Vorhänge vor die winzigen Fenster gesteckt hatte und nickte glücklich seine Zustimmung. Am selben Abend noch schrieb er in diesem Häuschen an der Musik der ›Zauberflöte‹ weiter und zum Schluß einen langen Brief an Konstanze: *Ma très chère Epouse! J' écris cette lettre dans la petite Chambre au Jardin...* Ihm fielen fast die Augen zu, aber er *mußte* seiner Frau noch schreiben – er hatte schon wieder so viel zu erzählen und tausend gute, besorgte Ratschläge zu geben. Um alles kümmerte er sich, und am Schluß des Briefes stand: *Es würde doch gut sein, wenn Du dem Carl ein bißchen Rhabarbera gäbest. Warum hast Du mir seinen Brief nicht geschickt? Hier ist ein Brief an ihn – bitte mir eine Antwort aus... Fang auf – Fang auf: – – Bs – bs – bs – bs – Busserl fliegen in der Luft für Dich! – bs – da trottelt noch eins nach! Adieu!*

Die Krönungsoper

Jeden Samstag und Sonntag fuhr Mozart zu Konstanze, aber die Tage dazwischen waren ihm trotz aller Arbeit zu lang und trotz aller lustigen Gesellschaft in Schikaneders Gartenhäuschen zu einsam. Voller Sehnsucht schrieb er ihr: »Ich kann Dir nicht sagen, was ich geben würde, wenn ich, anstatt hier zu sitzen, bei Dir in Baden wäre. Aus lauter langer Weile habe ich heute von der Oper eine Arie komponiert.«

Beim nächsten Sonntagsbesuch wollte Konstanze wissen, wie ihre Schwester Josepha mit der Rolle der nächtlich sternflammenden Königin fertig werde. »Soviel wie die Aloysia kann sie doch sicher nicht«, meinte sie. Aber Mozart war zufrieden. »Sie ist haargenau das Richtige, ihre Stimme ist wie ein Eiskristall«, sagte er begeistert, »auch sonst ist's wunderbar zu arbeiten im Freihaus. Essen tu' ich zwar oft bei Puchbergs oder Trattners, aber sonst brauch' ich mich in meinem Gartenhäusl um garnix zu kümmern – mal steht ein Kaffee da und Kuchen, mal ein Paar Würstel mit Kraut, und wenn der Emanuel zum Nachschaun kommt, dann bringt er immer gleich ein paar Flaschen Wein oder Schampus mit. Weißt es eh, da geht's halt dann lustig zu, die Müdigkeit verfliegt, und es fallt mir wieder so allerlei ein. Mit einem Wort, es fehlt mir eigentlich nix, als – deine Gegenwart.«

Wirklich, wären die ewigen Geldschwierigkeiten nicht gewesen, die Sorge um Konstanzes kranken Fuß und der Gedanke, daß die Bäder ihrem Zustand schaden könnten, dann hätte er mit leichterem Herzen arbeiten können. So freute er sich von Sonntag zu Sonntag, sie gesund wiederzusehen. Erleichtert durfte er in ihren Armen ausruhen, er hatte es nötig.

Zwischendurch schickte ihn Emanuel in das Konkurrenztheater, in das Leopoldstädter, damit er sich einmal ›Kasperl und die Zauberzither‹ oder ›Kasperl und der Fagottist‹ ansehe. Man hatte Bedenken in der Direktion, es

könnte der Zauberflöte schaden, wenn im Theater gegenüber mit einer Zither gezaubert wurde. Das Stück war
aber so, daß Mozart nur lachen mußte. Er konnte den
Freund beruhigen – nein, zwischen zaubern und zaubern
war doch ein Unterschied.

Am nächsten Sonntag saß Wolfgang in Baden bei seiner
kleinen Familie und komponierte. Seit langer Zeit wieder
etwas Kirchliches. Es war die himmlisch verklärte Kantate
›Ave Verum‹, eigens für den Chorregenten Stoll gedacht,
der sich als so treuer Freund und Beschützer Konstanzes
erwiesen hatte. Wolfgang war es ein Bedürfnis, ihm einmal
eine richtige Freude zu machen.

Mit der ›Zauberflöte‹ ging es unterdessen gut voran.
Schon konnte man die erste Instrumentalprobe des zweiten
Aktes abhalten, aber zwischendurch mußte Mozart immer
wieder irgendwelchen Geldgebern nachlaufen, auf die er
hoffte und die dann doch versagten. Dieses Hin und Her
zermürbte ihn. Merkte denn niemand etwas? Er fühlte sich
oft ganz zerschlagen und wollte es doch niemandem zeigen.
Nur Konstanze vertraute er sich an:

*Ich kann dir meine Empfindung nicht erklären, es ist eine
gewisse Leere, die mir halt weh tut – ein gewisses Sehnen,
das nie befriedigt wird, folglich nie aufhört, immerfort
dauert, ja von Tag zu Tag wächst. – Wenn ich denke, wie
lustig und kindisch wir in Baden beisammen waren – und
welch traurige, langweilige Stunden ich hier verlebe – es
freuet mich auch meine Arbeit nicht, weil, gewohnt, bis-
weilen auszusetzen und mit Dir ein paar Worte zu spre-
chen, dieses Vergnügen nun leider eine Unmöglichkeit ist.
Gehe ich ans Klavier und singe etwas aus der Oper, so
muß ich gleich aufhören – es macht mir zu viel Empfindung – Basta!*

Ende des Monats holte Mozart seine Frau von Baden ab,
und am 26. Juli kam Franz Xaver Wolfgang zur Welt,
dem wieder der gute Herr von Trattner Pate stand.

So war man denn endlich wieder beisammen in Wien.

Bald würde ja auch Geld ins Haus kommen, wenn die Oper fertig war, und Mozart wäre jetzt in bester Stimmung gewesen, wenn nicht eines Tages ein höchst seltsamer Besuch die ganze Familie erschreckt hätte, erschreckt durch einen Auftrag. So sehr Mozart sonst froh gewesen wäre für eine gut bezahlte Arbeit – diese gefiel ihm nicht. Mag sein, daß seine Phantasie zur Zeit ein wenig überreizt war – wer überarbeitet und vom Lebenskampf zermürbt ist, sieht leicht Gespenster –, aber selbst die unbeschwerte Konstanze, die in ihrem mädchenhaften Lockenkopf wenig Platz für trübe Gedanken hatte, selbst ihr war der Besucher unheimlich vorgekommen, der plötzlich, groß und mit einem nebelgrauen Mantel bekleidet, vor der Tür stand und mit unbeweglichem Gesicht nach »Meister Mozart« fragte.

»Der bin ich«, sagte Wolfgang. Er war auf den halbdunklen Flur hinausgetreten, um den späten Gast selbst hereinzubitten in die helle Stube. Der Mann verlor auch bei Licht besehen nichts von seiner Unheimlichkeit – ja, sie erhöhte sich noch, als er den Grund seines Kommens verriet, nicht aber seinen Namen.

»Mein Name tut nichts zur Sache…« sagte er mit etwas heiserer Stimme, »ich komme im Auftrag eines hochgestellten Herrn, der auch ungenannt zu bleiben wünscht. Es handelt sich um eine Seelenmesse, darum ist es also eilig. Sind Sie bereit, Herr Kompositeur, diese Messe baldmöglichst zu liefern? Den Preis können wir sofort vereinbaren, und ich will die Hälfte im voraus bezahlen.«

»Ein Requiem?« entfuhr es Mozart ungewollt heftig.

»Jawohl, ein Requiem«, war die eisige Antwort, »was verlangen Sie dafür?« Da aber vorerst keine Antwort kam, stellte der graue Besucher einfach einen kleinen Lederbeutel vor das fassungslose Ehepaar Mozart auf den Tisch. »Würden fünfzig Dukaten als Anzahlung zu wenig sein?«

»Zu wenig? Nein, aber…« Mozart kam nicht dazu, den Satz zu vollenden, denn der seltsame Gast war aufgestanden und schritt bereits wieder zur Tür. Auf dem Tisch lag der Beutel, und Konstanze stand daneben, als wolle sie ihn behüten.

»So bald wie möglich, nicht wahr?« hörte man den Grauen noch sagen, »ich werde mir in vier Wochen erlauben, wieder vorzusprechen.« Dann hörte man ihn die Treppe hinunter und draußen über die Straße gehen. Ein Wagenschlag klappte zu, eine Peitsche knallte. Räder rollten über das Pflaster der Rauhensteingasse, Wolfgang und Konstanze atmeten auf.

»Fort ist er!« flüsterte Konstanze, als fürchte sie seine Rückkehr. »Gott sei Dank!« sagte Mozart und nahm seine Frau in die Arme, »komm her, du Liebe, Einzige, ganz nah und ganz warm, mir ist so kalt geworden grad ... aber eigentlich sind wir doch dumm, gell, als hätt' noch nie einer den Auftrag bekommen, eine Totenmesse zu schreiben. Wir sollten uns doch freuen – so viel Geld!« Er nahm den Beutel und leerte die Goldstücke einfach auf den Fußboden. »Komm, Stanzi, wir wollen lieber einen Landler drehn!« und sie tanzten zusammen über die blinkenden Dukaten.

Freilich konnte man fünfzig Dukaten gut gebrauchen, aber zwischen der Zauberflötenmusik ein Requiem schreiben – das war viel verlangt. Am besten war es wohl, sich dieses Auftrages so schnell wie möglich zu entledigen. Mit großem Eifer gab sich Mozart der neuen Arbeit hin. Es packte ihn dann doch die Begeisterung dafür, aber alle vernünftigen Überlegungen konnten nicht verhindern, daß ihm immer wieder trübe Gedanken kamen, als sei es der Tod selber gewesen, der ihn aufgefordert hätte, seine eigene Totenmesse zu schreiben. Bezahlten denn normale Menschen etwas im voraus! So etwas hatte Mozart noch nie erlebt. In schlaflosen Nächten schreckte er oft hoch, stand auf und schrieb mit hastender Feder an der Messe weiter. Am hellen Morgen war dann der finstere Spuk vorbei – denn auch damals lief der Tod nicht im grauen Rock und mit einem Sack voll Geld in den Straßen Wiens herum...

»Du mußt dich einmal richtig erholen«, meinte Konstanze, und sie hatte recht. Doch das war leichter gesagt als getan, denn mitten in die frohe Zauberflötenarbeit und den verzweifelten Ernst des Requiems kam auch noch ein Auftrag der böhmischen Stände – jetzt, wo man ihn am wenigsten brauchen konnte. Und eilig war's natürlich auch; Aufträge sind immer eilig, aber so eilig wie dieser war noch keiner gewesen. In vier Wochen sollte eine Oper geschrieben werden; nicht für Wien, sondern für Prag, wo Leopold II. Mitte September zum böhmischen König gekrönt werden sollte. Man brauchte eine Krönungsoper, eine hohe Ehre für Mozart. Er freute sich wohl, daß er wieder etwas für seine lieben Prager machen durfte, auch auf Prag freute er sich, obwohl die Reise drei kostbare Tage verschlingen würde...

›La clemenza di Tito‹ hieß die Oper. Das Stück selbst war alt und hatte schon zu mancher musikalischen Ausdeutung als Stoff gedient: Der Italiener Caldera hatte zu einem Namenstag von Maria Theresias Vater, Kaiser Karl VI., eine Oper komponiert. In rascher Folge versuchten sich dann noch Hasse, Gluck und Jommelli daran.

»Jetzt bin ich dran –«, seufzte der Hofkompositeur Mozart. »Um was handelt es sich denn da?« erkundigte sich Konstanze. »Titus ist ein großmütiger Kaiser, der alles verzeiht und selbst dann noch freundlich ist, wenn er umgebracht werden soll.« »Also ganz wie Sarastro in der ›Zauberflöte‹«, stellte Konstanze fest. »Ja und nein – es ist halt einfach alles ein bissl steif und fad, eine richtige ›opera seria‹ alten Stils, es ist nix drin, was mich zum Komponieren reizt, keine Charaktere, aus denen man was machen kann, wie bei meinen sonstigen Opern, keine Bewegung. Solche Menschen gibt's einfach net in Wirklichkeit ... no ja, Auftrag is Auftrag, und 200 Dukaten sind gutes Geld.« So legte denn Mozart das halbfertige Requiem und die letzten Blätter der Zauberflötenpartitur in eine Schublade und begann, am ›Titus‹ zu arbeiten. In der ersten Augusthälfte brachten er und Konstanze den Carl und auch das vor Wochen geborene Kleinste zur Großmutter Weber und rüsteten sich zur Reise nach Prag. Eigentlich stand ihnen beiden der Sinn nicht nach langer Wagenfahrt, aber es mußte sein, und Süßmayer kam ja mit. Er trug eine große Tasche voll leeren Notenpapiers, damit Mozart auch unterwegs weiter an der Krönungsoper schreiben konnte.

Zu dritt stiegen sie die Treppe hinunter zum Reisewagen, der mit schnaubenden Pferden vor der Tür stand. Kaum aber hatte Wolfgang einen Fuß in die Kutsche gesetzt, als sich eine Hand auf seine Schulter legte... Konstanze schrie leise auf, als sie den Mann erkannte, der da so unversehens zu ihnen getreten war: der Graue, der Namenlose!

»Sie wollen verreisen, Herr von Mozart? Dürfte ich mir gestatten nachzufragen, wie weit Sie mit dem Requiem gediehen sind?« fragte die kalte Stimme.

»Gleich...« rief Mozart und wurde noch blasser, »gleich, wenn ich zurückkomme ... in vier Wochen können Sie's haben!«

»Verbindlichen Dank«, murmelte der Graue, dann waren alle eingestiegen, und die Pferde zogen an. Wolfgang aber war lange Zeit still auf der Fahrt, bis Süßmayer ihn mit sanfter Gewalt an die Arbeit drängte, und schließlich freute es Mozart doch, während der Fahrt noch an der Musik zur Krönungsoper zu schaffen.

In Prag ließ man den Wagen gleich weiterrollen – hinaus zur Bertramka, wo man von den Duscheks stürmisch begrüßt wurde. Josefa war entsetzt über Wolfgangs Aussehen, ließ sich aber nichts anmerken, als sie seinen fragenden Augen begegnete. »Ein bissl müd' von der Reise?« fragte sie, »das macht nix, morgen ist's besser, und sonst schaust gut aus, Wolferl!«

Ein dankbarer Blick von Konstanze streifte sie. »Er hat auf der ganzen Reis' gearbeitet. Und jetzt bleiben ihm nur noch achtzehn Tage Zeit«, erzählte Süßmayer.

Aber Wolfgang spielte jetzt den Lustigen: »No, ja!« Er ließ sich auf das rotsamtene Sofa fallen und kam sich ganz wie zu Hause vor. »Ich werd' schon fertig. Ich hab' ja schon ein Teil, und ich mach's halt wie meine Mutter selig. Sie hat auch allweil ein Vorratskammerl g'habt voll von Dingen, die es im Sommer reichlich gab, das war dann gut zum Hernehmen im Winter, aus Steintöpfen, Flaschen und

Gläsern, und alles war frisch und gut zu verwenden. So hab' ich halt auch immer mein Vorratskammerl, das voll ist von Musik. Sie wartet nur drauf, daß sie gebraucht wird!«

»Aber selbst, wenn du sie nur abzuschreiben brauchst, sind achtzehn Tage zu wenig für das, was noch fehlt – einstudiert muß doch auch alles werden«, meinten die anderen. Wolfgang ließ sich aber nicht aus der Ruhe bringen. »Ich hab' mein Orchester in Prag – die Leut' kennen meine Methoden schon.«

»... und gehn für dich durchs Feuer, Wolfgang!« rief die Josefa. Ihr ganzes Haus war zur Zeit nur darauf eingestellt, ihm seine schwierige Aufgabe zu erleichtern. Wie gut, daß er außerhalb der Stadt wohnen konnte! In Prag war ein Krönungstrubel und -jubel, der die Frankfurter Tage noch weit übertraf. Überall in den Straßen riesige Transparente, Triumphbögen aus den farbenprächtigsten Blumen des Jahres, Kränze aus Ähren und Maiskolben, Girlanden heimischer Weintrauben vom Moldauufer und Fahnen aus allen Fenstern und von den höchsten Kirchtürmen herunter. Die böhmischen Vaterländischen glaubten allen Grund zum Feiern zu haben. Sie waren mit Kaiser Josephs Verordnungen nicht immer einverstanden gewesen. Jetzt erhofften sie sich Erleichterungen von seinem Bruder Leopold. Er würde sie gewähren, das wußte man, und die Böhmen wollten ihren neuen Herrn in der Oper ›Titus‹ feiern, in der ein anderer Kaiser auch großmütig und edel ist. Keinen Besseren wußten sie, soviel reine Menschlichkeit in Musik zu schildern als ihren Mozart. Der schrieb nun Tag und Nacht. Süßmayer, der Unentbehrliche, kopierte und durfte sogar mithelfen bei den Seccorezitativen.

In Prag drunten belustigte sich inzwischen das Volk an all den schönen Dingen, die geboten wurden. Auf der Marienschanze war ein persischer Jahrmarkt errichtet. Dort tanzten hundertzwanzig Kinder und ebenso viele Erwachsene, und auf hundertzwanzig Pferden wurden Reiterkunststücke vorgeführt. Dann gab es einen Zirkus und zwei Franzosen, die »physikalische Experimente und mechanische Wirkungen« zeigten. Natürlich war auch Blanchard anwesend. Er führte den 42. Aufstieg seines Ballons vor, wie einige Wochen zuvor in Wien. Ganz Prag war auf den Beinen, um dies Schauspiel mitzuerleben – für heroische Opern war eigentlich nicht die richtige Luft.

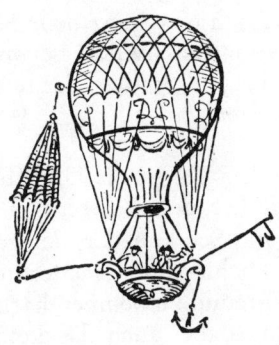

Am 29. August traf der Kaiser ein, und am selben Abend wurde er mit Mozarts ›Don Giovanni‹ begrüßt. Zwei Tage darauf fand der pompöse Einzug statt mit einem Hochamt im Dom, dessen musikalischen Teil Salieri leitete. Am 6. September war dann als Abschluß des großen Krönungstages die Oper ›La clemenza di Tito‹ angesetzt.

Mozart hatte es geschafft, und die Ouvertüre war großartig. Strahlend stand er da und wurde mit Applaus empfangen. Ausgepumpt war er, aber stolz und glücklich – der Komponist und Dirigent der Prager Krönungsoper.

Es war aber eine arge Enttäuschung für ihn und für die Prager, daß der Beifall bei überfülltem Theater doch recht zurückhaltend blieb. Man richtete sich ja leider nach dem Verhalten des kaiserlichen Paares. Leopold hätte wohl applaudiert, aber seine Gemahlin, eine spanische Prinzessin, machte eine recht abfällige Bemerkung und schwenkte nur spöttisch lächelnd ihren Fächer. Konnten denn Deutsche überhaupt Musik machen?

Die Zauberflöte

Als ein zu Tod Erschöpfter kehrte Mozart aus Prag zurück. Dort war er mit Konstanze noch vierzehn Tage in der Bertramka geblieben, weil man ihn nicht fortlassen wollte. An seinem altvertrauten Platz hatte er weitergearbeitet an der ›Zauberflöte‹. Auch eine ganz neue Komposition hatte er noch in Josefas Gartenpavillon begonnen – ein Klarinettenquintett für Freund Stadler, der seit einiger Zeit hier in Prag beim Orchester war.

Jetzt stand also in drei Tagen die Uraufführung der ›Zauberflöte‹ bevor. Die Freude an dieser geliebten Arbeit hielt Mozart aufrecht, und Schikaneder, der große Possenreißer und Tragöde, der Dichter und Theaterdirektor, wußte genau, wie er seinen Freund zu nehmen hatte, wie er ihn zum Lachen bringen und dabei auch das Letzte an Schaffenskraft aus ihm herausholen konnte.

Am nächsten Tag saß Mozart wieder in Schikaneders Gartenhäuschen, wo man alles aufbot, den Komponisten bei Stimmung zu halten, aber schon nach einigen Stunden meinte er, nicht mehr weiterzukönnen. Da erklang dicht vor seinem Fenster auf einmal sein eigener Flötenmarsch, die kühl-mutige Musik, die das Liebespaar Tamino und Pamina auf ihrem Prüfungsweg begleitet. Der Klang der Zauberflöte bezauberte auch ihn und gab ihm neue Kraft. Es war Benedikt Schack selbst, der beste Tenorist, den man sich denken konnte. Für ihn hatte Wolfgang den Tamino komponiert, denn zum Glück war derselbe Mann auch ein ausgezeichneter Flötenspieler, wie es seine Rolle verlangte. Hinter ihm tauchte lachend Schacks Frau auf, die als Altistin die »dritte Dame« darstellte. Jetzt hatte sie für Mozart einen großen Guglhupf gebacken und stellte ihn mit einem Strauß bunter Herbstastern auf seinen Tisch.

Mit Schacks war Mozart schon lange befreundet. Sie holten den Einsamen oft zu Spaziergängen ab und sorgten sich um ihn.

Aber noch ein anderes Theaterpaar gehörte zur Schikanederfamilie. Es war der Bassist Gerl, der den Sarastro zu singen hatte, und seine bezaubernd kapriziöse, zierliche Frau, die als Papagena ihren Papageno ums Haar noch wirklich verliebt machte, und das wäre gefährlich gewesen, denn der gefiederte Vogelfänger war der Theaterdirektor selber. Und Emanuel Schikaneder war der richtige Papageno in Person! Gab er nicht ganz ehrlich zu, daß er nicht bloß Vögel fangen möchte, sang er nicht gerade heraus:

> *...Ein Netz für Mädchen möchte ich,*
> *Ich fing sie dutzendweis für mich;*
> *Dann sperrte ich sie bei mir ein,*
> *Und alle Mädchen wären mein...*

Durch die ganze Oper mit ihrem erhaben-ernsten Inhalt trippelt und tanzt dieser närrisch naive Spaßvogel. Welch köstliche Musik hat Mozart in dieses bunte Federkleid gesteckt und seinen Freund Schikaneder damit charakterisiert! Der aber lachte. »In Wirklichkeit bist es doch du, der Papageno – ja du selber, Wolfgang Amadé, und Papagena ist deine Konstanze. So ist's!« Mochte er recht haben,

Der Vogelfänger bin ich ja

aus „Die Zauberflöte"

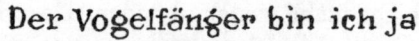

Andante

Papageno

Klavier

Der Vo-gel-fänger bin ich ja, stets

lu-stig, hei-sa hop-sa-sa! Ich Vo-gel-fänger

bin bekannt bei Alt und Jung im ganzen Land.

f

aber jetzt galt es, in den wenigen verbliebenen Stunden noch den feierlichen Marsch der Priester und die Ouvertüre zu schreiben. Einstudiert war die Oper ja schon durch den genialen jungen Kapellmeister Henneberg während Mozarts Aufenthalt in Prag.

Am 28. September 1791 schrieb der Komponist den Priestermarsch, am 29. September die Ouvertüre als vollendet in sein Werkverzeichnis ein, und am 30. September stand auf dem Theaterzettel des Freihauses zu lesen:

Zum ersten Male
DIE
ZAUBERFLÖTE

Eine große Oper in 2 Akten von Emanuel Schikaneder...

Nur ganz klein stand unter dem Personenverzeichnis:
Die Musik ist von Herrn Wolfgang Amadé Mozart, Kapellmeister und wirklicher K. K. Kammerkompositeur, Herr Mozart wird aus Hochachtung für ein gnädiges und verehrungswürdiges Publikum, und aus Freundschaft gegen den Verfasser des Stücks das Orchester heute selbst dirigieren.

Süßmayer, der engelsgeduldige, hilfsbereite Hausgeist, wurde auch hier wieder gebraucht – er stand neben Meister Mozart und blätterte ihm die Seiten der Partitur um. Und Schikaneder hatte nicht gespart an Kulissen, Maschinen und Illumination. Er ließ allen Zauber der Bühne spielen, Kostüme und Lichteffekte, Chor und Tanz, Landschaft und Architektur, Orchestermusik und Gesang. Er hatte zwölf verschiedene Dekorationen malen lassen und wagte zehn Verwandlungen auf offener Szene. Auf seine Theaterberge konnte man wirklich hinaufsteigen, jede Tür tatsächlich öffnen. Die drei Versenkungen funktionierten tadellos, und das »Flugwerk«, auf dem die drei Knaben Sarastros daherschwebten, war jedesmal mit anderen Blumen besteckt.

Beim ersten Auftritt der Königin der Nacht teilte sich

der Berg und wurde zu einem prunkvollen Saal, in dem die Königin auf ihrem Sternenthron saß.

Aber bei alledem – das »verehrungswürdige Publikum« blieb anfangs still und kühl. Mozart, dem seine Enttäuschung über den ›Titus‹ noch schwer auf der Seele lag, rannte bleich und verstört hinter die Bühne zu Schikaneder. Der aber tröstete ihn und meinte: »Wart's nur ab – das ist alles noch zu neu für die Leute, die müssen erst warm werden, wart's ab!«

Und er hatte recht. Allmählich spürte man Bewegung und Anteilnahme im Zuschauerraum. Musik und Handlung rissen das Publikum mit, und die phantastische Bühnendekoration tat das übrige. Bei der Feuer- und Wasserprobe spie der eine Berg Feuer, aus dem anderen stürzte ein Bach. So kam eine Überraschung nach der anderen, und am Ende verwandelte sich die ganze Bühne unter Blitz, Donner und Sturm in eine strahlende Sonne, in deren Mitte Sarastro mit den Priestern das treue Paar empfing.

Nach dem erhabenen Schlußchor der Priester: »Heil sei euch, Geweihten! Ihr dranget durch die Nacht...« kam der Applaus, und stürmisch rief man nach dem Komponisten. Es war ein Kunststück, ihn an den Vorhang zu bringen. Nur Annerl Gottlieb brachte es fertig – sie, die heute wieder gezeigt hatte, was sie bei ihrem Gesangslehrer Mozart lernte.

Mit der ›Zauberflöte‹, die das Lied der Weisheit, Wahrheit und selbstlosen Menschenliebe singt, war die Brücke von der Hofoper zur Volksoper geschlagen und der Weg in die deutsche Romantik geöffnet. Die ›Zauberflöte‹ war etwas so Neues, Überwältigendes, daß sie sich erst langsam, aber dann immer sicherer das Herz der Menschen eroberte.

Überglücklich schrieb Mozart an Konstanze, die gleich nach der Uraufführung wieder nach Baden gereist war:

Liebstes, bestes Weibchen! – Eben komm ich von der Oper, sie war so voll wie allzeit. Das Duetto ›Mann und Weib‹ und das Glöckchenspiel im 1. Akt wurde wie gewöhnlich wiederholt – auch im 2. Akt das Knabenterzett. Was mich aber am meisten freut, ist der stille Beifall – man sieht recht, wie sehr und immer mehr die Oper steigt. Nun, meinen Lebenslauf! – Gleich nach Deiner Absegelung spielte ich mit Herrn von Mozart (der die Oper vom Schikaneder geschrieben hat) 2 Partien Billard, dann verkaufte ich um 14 Dukaten meinen Klepper. Dann ließ ich durch Joseph den Primus rufen und schwarzen Kaffee holen, wobei ich eine herrliche Pfeife schmauchte, dann instrumentierte ich fast das ganze Rondo von Stadler... Um 6 Uhr ging ich beim Stubentor hinaus und machte meinen Favorit-Spaziergang über das Glacis ins Theater. – Was sehe ich? – Was rieche ich? Don Primus ist es mit den Karbonadeln! Che gusto! – jetzt esse ich Deine Gesundheit – eben schlägt es 11 Uhr, vielleicht schläfst Du schon? – St! St! St! – Ich will Dich nicht aufwecken!

Das Requiem

Inzwischen war der graue Bote schon wieder etliche Male dagewesen und hatte an das Requiem gemahnt. Das anbezahlte Geld war längst ausgegeben, aber dies wäre kein Grund gewesen, ein schlechtes Gewissen zu haben, denn Mozart arbeitete ja an dieser Messe. Einen Kaiser hatte man doch nicht warten lassen können und den Schikaneder erst recht nicht, wenn sich endlich einmal Gelegenheit bot, eine wirkliche deutsche Oper zu schreiben. Das war nun alles vorbei, und Mozart hätte ungestört an das Requiem denken können, aber seine Gesundheit wurde immer schlechter. Er war körperlich am Ende und durch Entkräftung und die qualvollen Kämpfe ums tägliche Leben tief niedergedrückt. Er grübelte viel zuviel. Warum nur durfte er den Namen des Bestellers nicht wissen – ein redlicher Mann brauchte sich doch nicht zu verstecken! Zwischendurch gelang es ihm immer wieder, die Schwermut von sich abzuschütteln. Er ging in seine Oper, und das machte ihn

froh. Da war er wieder der alte Wolfgang und zu allerhand Lustigkeit aufgelegt. Einmal nahm er seinen sieben-
jährigen Sohn Carl mit, daß auch er die große Märchenoper seines Vaters zu sehen und zu hören bekam, ein andermal durfte die Schwiegermutter Weber mit ins Theater. Da
zwickte ihn der Gedanke, einmal selbst das Papageno-
Glockenspiel zu schlagen, und während der Arie des Vo-
gelfängers schlich er hinter die Kulissen. Dort wartete er,
bis der tanzende Papageno das Glockenspiel, das er in der
Hand hatte, einmal still hielt, und jetzt ließ Mozart die
Glöckchen hinter der Bühne erklingen. Schikaneder erschrak sichtlich, schaute in die Szene und ließ suchend die
Augen rollen, bis er den lachenden Wolfgang entdeckte.
Papageno wartete nun, daß der Freund es noch einmal

machen würde, wartete aber vergebens; endlich begriff
Mozart und ließ den Akkord mit den Glöckchen noch
einmal ertönen. Schikaneder tat, als stutzte er, schaute auf
sein Glockenspiel, haute mit der Hand dagegen und rief:
»Halt's Maul!« Das war nun wieder etwas für die Leute;
sie lachten, und viele der Zuschauer hatten erst durch diesen Scherz gemerkt, daß Papageno sein Glockenspiel gar
nicht selber schlug.

Die ›Zauberflöte‹ war von der Uraufführung an das Tagesgespräch Wiens. Jeder wollte sie erlebt haben. In kollegialer Verbundenheit führte Mozart gleich zu Anfang auch seinen Widersacher Salieri und die Sängerin seiner großen Opernrollen, die wienerische Signorina Cavalieri, ins Freihaustheater. Er war gespannt auf beider Urteil und erwartete größte Zurückhaltung, aber schau – sie waren begeistert! Von der Ouvertüre bis zum letzten Chor hörte man immer wieder »Bravo« und »Bello« – die Musik, der Text gefiel ihnen sichtlich. »Ich muß noch öfter hineingehen!« rief die Cavalieri, »ein schöneres und angenehmeres Spektakel hab' ich noch nie gesehn!«

»Endlich eine Opera, würdig für größte Festivität bei Hof!« bekannte Salieri und bedankte sich in seinem gebrochenen Deutsch überschwenglich für den Genuß. Ob es nun von Herzen kam, wußte Mozart nicht, aber es freute ihn auch so und verscheuchte die quälenden Gedanken, die ihn verfolgten. Er schrieb und schrieb an dem Requiem – es mußte ja fertig werden –, er schrieb, bis ihm ganz elend wurde vor Erschütterung, aber auch vor Hunger und Müdigkeit. Er hatte kein Geld, denn das Honorar für die Zauberflöte reichte gerade aus, einen kleinen Teil der Schulden abzutragen, die sonst weiter noch hohe Zinsen gekostet hätten. Wenn nur der elende Druck im Kopf nicht gewesen wäre, dieses Schwächegefühl... Ob man Konstanze kommen ließ? Aber sie konnte ihr Quartier in Baden nicht verlassen, bevor nicht Wohnung und Kur bezahlt waren! Abends ging Mozart meist ins nahe Gasthaus »Zur Silbernen Schlange« – da konnte er anschreiben lassen. Der Hausdiener dort war auch sein guter Hausgeist, der ihn morgens früh um halb sechs weckte, ihm einheizte, Kaffee kochte und den Friseur hereinließ. Der war um 6 Uhr bestellt und hatte kein leichtes Werk, denn Mozart sprang alle Augenblicke auf und lief zum Flügel, so daß er mit der Zopfschleife hinterherlaufen mußte. Den hilfreichen Hausdiener, der eigentlich Joseph Deiner hieß, nannte Wolfgang »Don Primus«. Heute stellte der ihm gar ein Stückchen Kapaun hin zum Nachtmahl und einen guten

Wein daneben. Der Wein, das wußte der Joseph, brachte den Herrn immer rasch wieder in beste Stimmung. Aber diesmal schmeckte Wolfgang nicht einmal das gute Geflügelfleisch, und vom Wein nippte er nur und schob ihn von sich. »Da, Joseph, – trinken S' aus und kommen S' morgen zu mir – es wird Winter, und wir brauchen Holz.« Daheim mußte sich Mozart erbrechen, alles drehte sich um ihn »Krank bin ich…« flüsterte er vor sich hin, »todkrank … wie vergiftet … ja, vergiftet!« Er war vergiftet, aber nicht vorsätzlich, sondern durch eine Krankheit, die er jahrelang unerkannt mit sich herumtrug und die ihren Ursprung wohl in seinen vielen Kinderkrankheiten hatte und allmählich seine Nieren zerstörte. So war das ganze Blut vergiftet und der Körper einem langsamen Verfall ausgeliefert.

Am anderen Morgen saß der Kranke wieder am Schreibpult, der Schlaf hatte ihn erquickt, er schrieb weiter an dem Requiem. Wenn man aber eine Totenmesse schreibt und nicht weiß, für wen, dann muß man mit dem Tod selber Zwiesprache halten, und das tat Mozart schon seit Wochen, Tag und Nacht. Es wühlte sein Innerstes auf. – Er wußte, die Musik, die er schrieb, war gut, sie erschütterte auch ihn. Sein ganzes Leben zog an ihm vorüber. Gedanken an den eigenen Tod bedrängten ihn. Mozart, dieser überzarte Mensch, hatte sich schon früh mit dem Gedanken an das Sterben vertraut gemacht, den Tod als den wahrsten und besten Freund des Menschen erkannt und sich dankbar seines Lebens gefreut, trotz allem. Aber wie wird er sein, der eigene Tod – und wann? Wieder sank Mozarts Kopf beim Arbeiten aufs Pult, wie von einer eisigen Faust niedergedrückt.

So fand ihn Joseph Deiner des Mittags, als er das warme Essen brachte. Da lag der berühmte Herr Kammerkompositeur ohnmächtig über seinen Notenblättern!

Jetzt wurde Konstanze aus Baden geholt. Puchberg zahlte dort ihre Schulden, und sie wurde sehr energisch, als sie den Zustand ihres Mannes sah. Als erstes nahm sie ihm erregt das Requiem fort: »Das bringt dich noch um!

Komm, wir machen's wie früher, wenn ich ein Kind erwartete, und fahren spazieren – in den Prater, in den Augarten, wohin d' magst!«

So machten sie es auch. Die beiden Kinder wurden heimgeholt, damit Wolfgang eine wirkliche Freude und Ablenkung hätte. Und die Kur gelang. Mozart erholte sich zusehends, freute sich über die vielen Besuche, die er bekam, und es gab immer etwas Lustiges zu erzählen. Er lachte doch so gern! Für Schikaneder schrieb er eine Kantate, die er sogar noch selbst leitete. Emanuel war oft in der Rauhensteingasse, und wenn die beiden Freunde miteinander närrischen Unsinn trieben, dann schaute Konstanze vom einen zum anderen. Sie kannte ihren Amadé. »Immer lachen und weinen in einem Sackerl!« sagte sie.

Schikaneder versprach dem Freund Gewinnbeteiligung für alle Aufführungen der Zauberflöte. Er sah als guter Geschäftsmann klar, daß diese Oper lange auf dem Spielplan bleiben und viel Geld einbringen würde. Daraufhin ließen sich gut neue gemeinsame Pläne machen, aber da schüttelte Mozart wehmütig den Kopf. »Bei mir wird's bald ausmusiziert sein – nur das Requiem, das muß noch fertig werden ... wirst sehn, ich schreib es doch noch für meinen eigenen Tod.« Und er gab keine Ruhe, bis Konstanze ihm das Requiem wieder gab, damit er weiter daran schaffen konnte.

Eines Morgens im November aber konnte er nicht aufstehen. Konstanze war zum Arzt gelaufen, und als der brave »Don Primus« kam, sagte Mozart kaum hörbar: »Heut' ist's nix, Joseph – heut' ham wir mit Doktors und Apothekers zu tun.«

Von da an mußte sich Mozart immer mehr ins Haus zurückziehen. In der Öffentlichkeit nahm man kaum Notiz davon. Wo waren sie alle, die vermögenden, die hohen einflußreichen Herrschaften, die Wolfgang mit seiner Musik glücklich gemacht hatte? Wo blieb van Swieten? Von dem hatte man auch schon lange nichts mehr gehört – er wäre der Mann gewesen, der hätte helfen können. Noch vor kurzem hatte Mozart seine glänzenden Händel- und Bachkonzerte geleitet. Ach, es war ein anderer Mozart gewesen, ein unterhaltender – keiner, der still seines Weges ging und ganz gewöhnliche Not litt.

Nach ein paar Tagen ging es wieder etwas besser. Nun mußte alles zusammenhelfen, daß das Requiem fertig wurde. Der Introitus, das Kyrie waren vollendet, das folgende bis in die ersten Teile des Dies Irae in der Partitur skizziert. Unglaublich, woher der Todgeweihte die Kraft nahm, dieses Werk mit solcher Wucht und doch mit solch zarter Innigkeit zu gestalten! Im Kernstück dieser Komposition, im Dies Irae, mitten in dem überirdischen Krachen und Splittern des alles verbrennenden Weltuntergangs, zittert noch die menschliche Seele; sie fleht um ein gnädiges Gericht, sie wagt es kaum noch, Vergebung ihrer Sünden zu erhoffen, aber Christi Opfertod ist nicht umsonst gewesen! Kaum jemals hat der grandiose lateinische Hymnus einen musikalisch so ergreifenden Ausdruck gefunden. Wenn Mozart ein Stück vollendet hatte, ließ er es gleich von den Anwesenden singen, wobei er nach Möglichkeit selbst am Klavier begleitete. Auf einmal ging auch das nicht mehr, seine Glieder begannen anzuschwellen, die Finger versagten den Dienst – das war wohl das Schlimmste.

»Stanzi!« rief der todkranke Mann und weinte fast dabei, »Stanzi – jetzt kann ich's ja zugeben, ich war immer ein bissl eitel auf meine Händ'! Weißt noch, wie ich damals die schwere Orgel g'spielt hab' in Prag im Kloster Strachov und wie der Chorherr g'staunt hat, was ich für eine Kraft auch im kleinsten Finger hab'? Das nimmt man alles so selbstverständlich hin, statt daß man jeden Abend ein Gebet spricht für das Wunder so einer Hand und am Morgen jeden einzelnen Finger abbusselt aus lauter Dankbarkeit.«

Mozart konnte nun nicht mehr am Klavier begleiten, aber er sang seinen Part immer noch mit, wenn sie probten. Eine übermenschliche Willenskraft hielt ihn aufrecht. Er freute sich wie ein Kind, daß die Schwiegermutter so lieb wie noch nie für ihn sorgte und ihm sogar einen mollig wattierten Morgenrock nähte. Auch die Schwägerin Sophie war aufopfernd. Sie kam morgens schon ganz früh, um der gänzlich verstörten Konstanze zu helfen. Wolfgang sah ihr vom Bett aus zu, wie sie mit flinken Händen alles richtete.

Ein winterlicher Sonnenstrahl tastete sich über die hohen Dächer und fingerte in Mozarts Fenster. In das fahle Lichtquadrat, das er auf den Fußboden gemalt hatte, warf das hohe Fensterkreuz einen scharfen schwarzen Schatten. Mozart sah das Kreuz und wandte seinen Kopf der Sophie zu. »Versprichst du mir, daß du der Stanzi beistehst, wenn ich tot bin?« fragte er ganz ruhig. Der Schwägerin stürzten die Tränen aus den Augen. »Ja, freilich – aber red' net allerweil vom Sterben, Wolferl.« Sie folgte seinen Blicken und sah nun auch den schwarzen Schatten. Aber sie war ein praktischer Mensch, der Inbegriff des vollen Lebens. Sie trat ans Fenster und öffnete es – verschwunden war der Schatten, und die Sonne konnte herein. Mozart lächelte. Er war ein tapferer Mann, wußte er doch genau, daß er bald sterben mußte, und alle, die um ihn waren, fühlten es auch, mit grausamer Gewißheit. Aber keiner war so ruhig und gefaßt, so freundlich und gleichbleibend liebenswürdig wie er. Er liebte das Leben so heiß, aber er fürchtete den Tod nicht. Nur Wehmut erfüllte sein Herz, versprach doch die Zukunft, endlich sorgenfrei zu werden. Nicht nur die ›Zauberflöte‹ sicherte ihn. Da lag ein Schreiben der ungarischen Adelsgesellschaft mit einem Subskriptionsangebot von jährlich 1000 Gulden! Holland kam mit einem noch höheren Angebot, ganz zu schweigen von den Englandplänen . . .

Es war zu spät. Die Ärzte gaben keine Hoffnung mehr. Konstanze flüchtete weinend in die Küche. Mozart arbeitete mit letzter Kraft weiter am Requiem.

Abends aber schob er die Notenblätter beiseite. »Stellt bitte die Uhr ganz nah zu mir her...« bat er. Drüben im Freihaustheater spielten sie heute wieder die ›Zauberflöte‹. Mozart schaute auf das Zifferblatt: – 7 Uhr. Jetzt begann die Ouvertüre! Er hörte sie mit geschlossenen Augen und meinte, den Beifall zu vernehmen. Jetzt mußte der Vorhang aufgehen! Und nun verfolgte er von seinem Krankenlager aus die ganze Handlung, Szene um Szene, als ob er im Theater säße. Er summte die Melodie von Taminos Arie »Dies Bildnis ist bezaubernd schön« und taktierte zwischendurch mit den Händen – man konnte den Verlauf des ganzen Stückes von seinem Gesicht ablesen.

Wieder ein Blick auf die Uhr. Der erste Akt mußte zu Ende sein. Er hörte den Marsch der Priester und die wütende Rachearie der Königin ... als er dann später zu hören glaubte »In diesen heil'gen Hallen kennt man die Rache nicht«, da bekam Mozarts Ausdruck etwas ganz Friedliches, Entspanntes. Konstanze sah wieder zu ihm herein – er war eingeschlafen, und das tat ihm gut.

Jeden Vorstellungsabend erlebte er so seine Oper mit, jeden Tag schaffte er noch an seiner Totenmesse. Es war unfaßbar, was er bei dem schnellen Verfall seines Körpers noch leistete.

Eines Vormittags saß Schikaneders Kapellmeister an seinem Bett, um dem Meister aufmunternd von dem immer noch zunehmenden Erfolg und von allerlei Bühnenbegebenheiten zu erzählen. Mozart griff nach der Hand des Besuchers. »Einmal möcht' ich doch noch meine ›Zauberflöte‹ hören«, sagte er, und mit ganz leiser Stimme sang er: »Der Vogelfänger bin ich ja, stets lustig, heisa, hopsassa...« Dann ging der Kapellmeister ans Klavier und spielte und sang ihm das ganze Papagenolied vor.

»Schick mir heut nachmittag ein paar gute Sänger«, bat Mozart, »wir könnten das Requiem einmal proben, soweit es fertig ist.« Pünktlich um zwei Uhr kam Freund Schack, kamen Gerl und Hofer. Konstanze legte die Partitur aufs Bett des Kranken, und man begann gleich die Gesangstücke mit Klavierbegleitung durchzunehmen. Schack übernahm den Sopran, Gerl den Baß, Geiger Hofer den Tenor, und Mozart selbst versuchte mit seiner zarten Tenorstimme den Alt zu markieren.

Tief erschüttert über die Größe dieses Werkes waren die Freunde, und Mozarts Gesicht belebte sich im Feuer des Eifers. Aber als man an das Lacrimosa kam, überwältigte es ihn so, daß er die Partitur zuklappte und in Tränen ausbrach. Es war zuviel für ihn.

Leise gingen die Freunde fort. Die Nacht schien den Tod bringen zu wollen, aber am anderen Tag saß Mozart mit Süßmayer wieder über den Notenblättern. Ruhig und gefaßt erklärte der Meister seinem Schüler, wie er das Werk nach seinem Tode zu Ende führen solle. Er wußte nun, daß er es selbst niemals vollenden werde, daß er dies Requiem wirklich für sich geschrieben hatte. Aber sein unerschütterlicher Glaube an die Unsterblichkeit der menschlichen Seele – dieser Glaube, der durch die ganze Messe klingt, hielt ihn aufrecht bis zuletzt.

Es war ein erbärmlicher Leichenzug, der einen Tag nach Mozarts Tod, am 6. Dezember 1791, vom Stephansdom zum Stubentor hinausfuhr. Wohl waren die Verwandten Aloysia und Josepha Lange, auch Süßmayer, Hofer, Albrechtsberger und sonst noch einige vom Schikaneder-Ensemble, sogar Salieri und van Swieten dabei, aber Konstanze war völlig zusammengebrochen und mußte von ihrer Schwester Sophie betreut werden. Der trostlose Anblick des rumpelnden Karrens und die aufsteigende Kälte vertrieben einen nach dem anderen aus dem traurigen Zug. – Zum Schluß zog der schwarze Gaul den schwarzen Karren

einsam hinaus auf den Friedhof von St. Marx, weit draußen vor der Stadt, wo nur ein Reihengrab auf Mozart
wartete. In dem aufkommenden Nebel entschwand der
Totenwagen bald den Blicken. – Niemand sollte je erfahren, wo Mozarts sterbliche Überreste bestattet liegen.

Das Geheimnis des unheimlichen Requiem-Auftrags wurde
erst nach Mozarts Tod aufgeklärt. Der Besteller war ein
Graf von Walsegg-Stuppach, ein musikliebender Aristo-
krat, der in seinem Hause zweimal wöchentlich Quartett-
abende, sonntags sogar Theaterveranstaltungen inszenierte.
Er spielte gut Flöte und Cello. Manchmal versuchte er
sich auch im Komponieren, was ihm weniger gut gelang.
Da er aber ein eitler Mann war, der sich gerne Beifall
klatschen ließ, schreckte er nicht vor kleinen Urkunden-
fälschungen zurück. Die Stücke, die er bei Berufskompo-
nisten bestellte und bezahlte, kopierte er eigenhändig und
ließ dann mit gut gespielter Gleichgültigkeit den Meister
erraten. Natürlich rieten die Gäste auf den Herrn Grafen,
und er verneigte sich diskret lächelnd. Nun war Graf Wal-
seggs Frau im Februar des Jahres gestorben, und er trauerte
aufrichtig um sie. Es sollte eine besonders schöne Messe
für sie komponiert werden. Da riet Puchberg, der in Wal-
seggs Wiener Haus wohnte, er möge sich an Mozart wen-
den, der brauche gerade Geld. Die Walsegg-Methode war
damals nicht selten, aber man mußte diskret zu Werke gehen. Ein Gutsnachbar des Grafen überbrachte aus Gefälligkeit den Auftrag und erregte in Mozarts überreizter
Phantasie durch sein seltsames Gebaren, durch ungewöhn-
liche Kleidung und eiskaltes Mienenspiel Abneigung und
Argwohn. Die eindringliche Art, in der die absolute Ge-
heimhaltung des Namens gefordert wurde, und die Tatsache, daß es sich um ein Requiem handelte, wurde für
den todkranken Mozart zur größten Seelenqual.